D1987452

NORMAN VINCENT PEALE

Das Abenteuer des Lebens

NORMAN VINCENT PEALE

Das Abenteuer des Lebens

Mehr Freude und Begeisterung
durch positives Denken

OESCH VERLAG

Die Originalausgabe erschien 1982 unter dem Titel
»Treasury of Joy and Enthusiasm«
bei Ballantine Books, New York

Aus dem Amerikanischen von Dieter W. Portmann

Bibelzitate stammen aus:
Die Bibel. Gesamtausgabe. Einheitsübersetzung der Heiligen Schrift,
Psalmen und Neues Testament.
Ökumenischer Text, 2. Auflage, Stuttgart 1982

Alle Rechte vorbehalten
Nachdruck in jeder Form sowie die Wiedergabe
durch Fernsehen, Rundfunk, Film, Bild- und Tonträger
oder Benutzung für Vorträge, auch auszugsweise,
nur mit Genehmigung des Verlages

Copyright © 1981 by Norman Vincent Peale
Copyright © 1987 der deutschsprachigen Ausgabe by Oesch Verlag AG, Zürich

Satz: VerlagsSatz Kort GmbH, München
Druck und Einband: Franz Spiegel Buch GmbH, Ulm
Printed in Germany

ISBN 3 85833 349 2

In liebevoller Erinnerung an

ANNE B. BOARDMAN

Hier sind Gedanken, Erfahrungen und literarische Beispiele aus vielerlei Quellen gesammelt, die allesamt zu meiner eigenen Freude und Begeisterung beitrugen. Ich habe dies zusammengetragen, um nun Ihnen damit Freude und bleibende Werte zu verschaffen und Ihnen dabei zu helfen, eine positive Einstellung zum Leben zu erreichen.

Jene Menschen, die ständig in freudvollen und positiven Gedankenmustern leben, besitzen die bemerkenswerte Gabe, alle Widerstände zu meistern. Ich bin der Überzeugung, auch Sie können das schaffen.

NORMAN VINCENT PEALE

Inhalt

Anstelle einer Einleitung:
Wie wichtig Freude und Begeisterung für Sie sind 9

1. *Das Leben kann ein Abenteuer voller Freude sein* 41

2. *Die Gabe des Lebens* 68

3. *Mehr Kraft für Sie* 90

4. *Glaube und erfolgreiches Leben* 111

5. *Der Wert einer positiven Einstellung* 133

6. *Leben in einem geistigen Aufwind* 152

7. *Bauen Sie Ihren Geist immer wieder auf* 174

8. *Freude und Begeisterung in einer Welt voller Schönheit* 195

9. *Wagen Sie es, glücklich zu sein* 219

Anstelle einer Einleitung: Wie wichtig Freude und Begeisterung für Sie sind

Woran ist Ihnen mehr als an allem anderen gelegen? Am Leben natürlich. Und nicht nur an der nackten Existenz, an der rein physischen Fähigkeit, zu atmen und als Körper zu funktionieren. Wir alle sehnen uns nach einer besonderen Qualität des Lebens, nach einer Kombination von Interessen, Genuß, Aufregung, Leistung, Befriedigung und innerem Frieden. Ja, wir wollen doch die Welt und die Gesellschaft anderer Menschen genießen. Jeder Mensch möchte Schönheit und die höchsten Gefühle erleben und dabei über so viel Energie und Lebenskraft verfügen, daß nach den Pflichten des Alltags noch Raum für mehr bleibt. Wir hoffen auf ein Leben, in dem körperliche Kraft, geistiges Interesse und seelische Zufriedenheit in reichem Maße gegeben sind. Und wenn wir das Leben in einer solchen Qualität genießen wollen, werden wir erkennen, daß *Freude* und *Begeisterung* zwei wichtige Elemente dieses Ganzen darstellen.

Ein Buch, das sich gleichzeitig mit beiden Themen befaßt, rechtfertigt sich allein dadurch, daß Freude und Begeisterung zwei elementare Bestandteile des guten Lebens sind. Und ich bemühe mich stets, den Menschen auf ihrer Suche nach dem guten Leben behilflich zu sein.

Unter dem guten Leben verstehe ich ein Leben, das in höchstem Maße interessant, ja sogar aufregend ist, ein Leben voll von Sinn und reich an Befriedigung. Ein Leben wie dieses ist allerdings nicht frei von Schwierigkeiten oder Problemen, kann es nicht sein. Aber es besitzt die Kraft, sie zu überwinden und siegverheißende Höhen der Erfahrung zu erklimmen.

Das gute Leben beruht auf einem endgültigen Wertsystem, in dem Freude und Begeisterung gleichzeitig als Ursache und Wirkung enthalten sind. Wünschbare Werte werden durch ein Leben in aktiver Freude und Begeisterung angeregt, ja weitgehend sogar erst geschaffen. Umgekehrt führen wirksame Prinzipien im Lebensstil zu einer freudvollen und begeisterten Lebensweise.

Aus diesem Grunde werde ich in diesem Buch meinen ganz persönlichen Schatz von Freude und Begeisterung vor Ihnen ausbreiten. Er enthält Beispiele aus Gedankenwelt, Erfahrung und Literatur, Beispiele aus zahllosen Quellen, die zu meiner eigenen Freude und Begeisterung beigetragen haben.

Ich trage diesen Schatz hier in der Hoffnung zusammen, er möge Ihnen zum Vergnügen und Nutzen gereichen und Ihnen helfen, eine positive, glückliche Einstellung zu erlangen und zu erhalten.

Menschen, die unablässig nach einer von Freude und Begeisterung geprägten Denkweise leben, scheinen der Umstände in bemerkenswerter Art und Weise Herr zu werden. Und oft hat mich diese Tatsache im Umgang mit Menschen zutiefst beeindruckt.

Den Weg der Freude leben

Ich habe viele Erinnerungen an Menschen, die Freude und Begeisterung zu einer zugleich eindrücklichen und beispielhaften Lebensqualität vereinigt haben. Da war zum Beispiel jene beliebte Radiomoderatorin, die mich als Gast in ihre Sendung einlud. Man sagte mir, das Gespräch, das sie mit mir führen wolle, drehe sich um verschiedenste Themen, die wohl Schlag auf Schlag folgen würden.

Ich hatte meine Gesprächspartnerin zuvor noch nie getroffen, doch war mir zu Ohren gekommen, sie sei sehr charmant und geistreich und ihre Persönlichkeit strahle eine ungewöhnliche Kraft aus. Kein Wunder also, daß vor meinem inneren Auge so eine Art Reklameschönheit entstand – das Bild einer jungen, sehr hübschen und quicklebendigen Frau. Im Radiostudio traf ich dann eine ganz normale Frau von gut sechzig Jahren, die stark hinkte (als Folge einer Kinderkrankheit, wie ich später erfuhr). In keiner Weise entsprach sie dem Bild, das ich mir von ihr gemacht hatte. Sie begrüßte mich ohne viel Aufhebens und erweckte den Eindruck eines ganz gewöhnlichen Menschen. Schon bald jedoch wurde ich mir der beeindruckenden Kraft ihrer Persönlichkeit und ihrer Lebhaftigkeit bewußt.

Als wir auf Sendung gingen, kamen die persönlichen Eigenschaften dieser keineswegs mehr jungen und zudem behinderten Frau in vollem Umfang ans Tageslicht. Sie strahlte Freude, Aufregung, Leben und Begeisterung aus. Ihre gehaltvollen, prägnanten Kommentare waren mit wertvollen Einsichten durchsetzt und mit Glück durchwoben. Ihr Lachen wirkte ansteckend, und sie schien vor Freude beinahe überzuquellen. Man konnte sich des Eindrucks nicht erwehren, daß sie mit freudiger Aufregung lebte und am Leben selbst Freude empfand.

Unser Gespräch während der Sendung verlief sehr angeregt, unser Wortwechsel war ein reines Vergnügen. Und am Ende sagte diese bezaubernde Moderatorin: »Nun, alles hat einmal ein Ende, und unsere Sendezeit ist beinahe abgelaufen. Aber haben wir beide nicht Spaß gehabt? Wissen Sie«, vertraute sie mir an, »Sie und ich, wir zwei haben es geschafft, denn wir leben den Weg der Freude. Wir haben Begeisterung in uns, und wenn Begeisterung und Freude zusammenkommen, kann man das Leben voll und ganz auskosten.« Damit beendete sie ihr Programm. Ich habe mich immer gerne an jene dynamische Frau erinnert, die – weil sie »den Weg der Freude lebte« – eine so tiefe und unerschöpfliche innere Begeisterung entwickelt hatte. Und damit war sie in der Lage, mühelos alle Hindernisse zu überwinden, die sich ihr in den Weg stellten, und dann weiterzumachen – nicht nur voller Freude, sondern auch siegreich.

Freude als Therapie

Die Tatsache, daß diese Frau über ihr physisches Gebrechen triumphierte, läßt etwas sehr Wichtiges erkennen, was leider allzuoft übersehen wird – daß nämlich das bewußte Leben von Freude und Begeisterung sich heilend und wohltuend auswirken kann. Die Weisheiten der Bibel sind natürlich viel älter als die Erkenntnisse der modernen psychosomatischen Medizin, und die Worte »Ein fröhliches Herz tut dem Leib wohl, ein bedrücktes Gemüt läßt die Glieder verdorren« (Sprüche 17,22) wurden vor vielen Generationen geschrieben. Wenn ein Mensch in eine schwere physische Krise gerät, sagt der Negativist verdrießlich: »Das läßt sich nicht einfach durch Lachen verscheuchen.« Vielleicht läßt es sich aber doch im wahrsten Sinne des Wortes mit Lachen verscheuchen, nämlich durch die Anwendung von Freude und positivem Glauben, verbunden mit dem innigen Wunsch, zu leben und gesund zu sein.

Eine zum Denken anregende Bestätigung dieser Ansicht liefert der in Amerika sehr bekannte Autor Norman Cousins in seinem Buch *Anatomy of an Illness as Perceived by the Patient*, in welchem er seine eigenen Erlebnisse als Patient schildert. Er litt an einer schweren Erkrankung des Bindegewebes, die sich darin äußerte, daß er mit der Zeit kaum mehr seine Glieder bewegen konnte. An seinem ganzen Körper tauchten Knötchen auf, die sich wie Kies unter der Haut anfühlten, und sein Kiefergelenk war fast vollkommen blockiert. Ein Spezialist schätzte Cousins' Aussichten auf eine vollständige Wiedergenesung auf eins zu fünfhundert. Ursache der Krankheit war möglicherweise eine Allergie oder eine Unfähigkeit des Körpers, eine frühere Vergiftung zu verkraften. Die geistigen und physischen Folgen waren Streß und Erschöpfung. Wenn überhaupt eine Heilung möglich war, dann mußten zunächst die Nebennieren dazu gebracht werden, wieder normal zu arbeiten. Aber wie sollte Norman Cousins es schaffen, seine Nebennieren, ja sein ganzes endokrines System wieder ins Lot zu bringen und gesund zu werden, wo doch alle medizinischen Argumente so eindeutig dagegensprachen?

Heilen durch Lachen

Cousins kannte Dr. Hans Selyes großartiges Buch *Streß beherrscht unser Leben*, in welchem der berühmte kanadische Arzt aufzeigt, daß Gefühlsbelastungen wie zum Beispiel Frustration, unterdrückter Zorn oder Überbelastung einen Erschöpfungszustand zur Folge haben könnten. Dr. Selye, dessen Schlußfolgerungen und Erkenntnisse weltweit bei führenden Ärzten und Wissenschaftlern Anerkennung gefunden haben, beschreibt die Wirkung negativer Emotionen auf die Chemie des Körpers. Einiges Nachdenken brachte Cousins schließlich zur Frage: *Wenn negative Emotionen negative chemische Veränderungen im Körper hervorrufen, könnten dann nicht positive Emotionen positive chemische Veränderungen be-*

wirken? Er bestätigte damit unbewußt, was Dr. John A. Schindler, der Autor von *Die Heilkraft des seelischen Gleichgewichts,* schon zwanzig Jahre zuvor bemerkt hatte, nämlich daß die sogenannten ›guten‹ und ›schlechten‹ Gemütsbewegungen sich auch entsprechend auf den Körper auswirken.

Als nächstes fragte sich Cousins: »Kann es sein, daß Liebe, Hoffnung, Glaube, Vertrauen, Lachen und Lebenswille einen therapeutischen Wert haben?« Verschiedene Autoren hatten schon seit langem behauptet, diese positiven Faktoren hätten eine derartige Wirkung, aber man begegnete ihnen mit Mißtrauen, und die Intellektuellen warfen ihnen vor, oberflächlich zu sein. Doch dann erbrachte Cousins, der nur allzugut wußte, daß es keineswegs leicht ist, einfach positive Gedanken ›einzuschalten‹, einen überzeugenden Beweis dafür, daß die Kraft positiver Gefühle sich auch auf das physische Befinden auswirken kann. Seine Analyse der Dinge bewirkte eine beinahe unglaubliche Besserung seiner Gesundheit und seines Wohlbefindens.

Norman Cousins stellte sich ein richtiges Lachprogramm zusammen; er sah sich lustige Filme an und las komische Bücher. Und damit »machte ich die freudige Entdeckung, daß zehn Minuten herzhaften Lachens eine anästhetische Wirkung ausüben und mir mindestens zwei Stunden schmerzfreien Schlaf schenken«. Als weiterer Beweis für die Heilkraft selbstbereiteter Freude dienten auch die Blutsenkungswerte, mit denen ihm sein Arzt wissenschaftlich nachwies, daß es ihm dank seiner Lachtherapie von Mal zu Mal besser ging. Und so durfte Cousins schließlich feststellen: »Ich war sehr stolz auf die Entdeckung, daß es für die alte Theorie, wonach Lachen die beste Medizin sei, nun auch eine physiologische Basis gab.« Und diese ›alte Theorie‹ geht, wie wir wissen, ja bis auf die Bibel zurück: »Ein fröhliches Herz tut dem Leib wohl, ein bedrücktes Gemüt läßt die Glieder verdorren.«

Norman Cousins' Erfahrungen bestätigen die Lehre, die ich selbst seit beinahe fünfzig Jahren vertrete: daß die Religion der Bibel im Grunde genommen wissenschaftlich ist. Sie verkündet Prinzipien von Geist und Handeln, verknüpft sie zu Formeln, die unter den richtigen Voraussetzungen unfehlbar wirksam sind. Ja, das Christentum kann weitgehend als exakte Wissenschaft betrachtet werden, denn seine Lehren führen zu greifbaren Ergebnissen, sofern sie befolgt werden. Wenn wir hassen, erzeugen wir Haß. Wer Liebe schenkt, ruft Liebe hervor. Negatives Denken bringt negative, positives Denken hingegen positive Ergebnisse.

Der Mensch ist eine geistige und seelische Ganzheit, die in einem physischen Körper existiert. Thomas A. Edison sagte einmal, der Körper sei eigentlich nur dazu da, das Gehirn zu beherbergen, durch das er selbst erst funktionieren kann. Denn es ist das Gehirn, in dem wir Betrachtungen anstellen, analysieren, entscheiden, uns erinnern, träumen, hoffen, glauben und unsere Ziele erreichen. Wenn das stimmt, können wir daraus vernunftsmäßig folgern, daß der Körper durch Denken, Fühlen und Glauben gesteuert wird und daß dieses wunderbare, so komplexe physische Instrument entscheidend beeinflußt werden kann.

Die Kraft positiven Denkens beim Heilen

United Press International veröffentlichte einmal einen Artikel von Dale Singer mit einem Zitat des Psychologen Thomas W. Allen, der daran glaubt, daß »die Kraft des positiven Denkens im Kampf gegen eine Krankheit stärker ist als die ganze Technik der modernen Medizin.« Professor Allen von der Washington University in Saint Louis tritt »für eine ganzheitliche Medizin ein – für die Behandlung eines Patienten als ganzen Menschen, nicht nur für die Behandlung gewisser Symptome einer Krankheit«. »Unsere Gedanken hallen in unserem Körper wider«, erklärt Allen, der auf dem Gebiet der Anwendung der geistigen Vorstellungskraft zur Beeinflussung der körperlichen Funktionen Pionierarbeit geleistet hat. Die Ansichten von Dr. Allen und andern sind durch Experimente bestätigt worden. Krebspatienten, die die Technik der geistigen Vorstellungskraft erlernt hatten, lebten länger und besser, als die Ärzte es für möglich gehalten hätten. Das zentrale Element bei der Anwendung der Vorstellungskraft zur Heilung von Krebs ist die Einsicht, daß Krebszellen nicht übermächtige Angreifer sind, sondern auch besiegt werden können. Patienten, die mit ihrer Vorstellungskraft arbeiten, betrachten ihr Immunsystem als siegreichen Verteidiger, die Krebszellen aber als ziemlich schwache und verwirrte Angreifer. Und deshalb klappt auch eine Bestrahlung: der Körper wird bombardiert, die Krebszellen werden überwältigt.

Persönlich möchte ich mich in keiner Weise abschätzig über die Wissenschaft der praktischen Medizin äußern, denn ich glaube daran, daß der Arzt, der heilt, ein Diener Gottes ist. Ein berühmter Arzt sagte einst: »Wir behandeln den Patienten, Gott heilt ihn.« Ich halte es aber auch für eine Tatsache, daß freudige, begeisterte und positive Gedanken, die man lange Zeit und innig hegt, den ›Körper bombardieren‹ können, dadurch die Krankheit vernichten und dem Körper helfen können, sich zu befreien und sich neuer Vitalität und Gesundheit zu erfreuen.

Aktiv der Freude leben: sich besser fühlen

Die heilsame Wirkung des Christseins geht aus den Worten Jesu hervor: »Dies habe ich euch gesagt, damit meine Freude in euch ist und damit eure Freude vollkommen wird.« (Johannes 15,11) Und an einer andern Stelle sagt die Bibel: »Freut euch im Herrn zu jeder Zeit! Noch einmal sage ich: Freut euch!« (Philipper 4,4)

Weshalb lehrt die Bibel solches? Weil es dem Menschen erwiesenermaßen nur dann gelingt, den Geist zu läutern, die Schmerzen zu lindern, das Blut durch die Adern strömen und das Herz kräftig schlagen zu lassen, wenn er es zuläßt, daß Freude durch seinen ganzen Körper pulsiert.

Dr. John A. Schindler glaubt, Tausende von Menschen litten an einer Krankheit, die er als *Sorgen-Kummer-Problem-Syndrom* bezeichnet. Häufig ist auch von *psychosomatischer Krankheit* die Rede, von der Auswirkung von Geisteszuständen auf den Körper. Laut Dr. Schindler sind viele Menschen krank oder fühlen sich schlecht, weil eine undurchdringliche Hülle von Trübsinn ihr Gemüt umgibt. Wenn diese Menschen jeden Tag nur für ein paar Minuten in eine Sphäre reinster Freude versetzt werden könnten, würden sie wieder gesund werden. Und das ist zweifellos der Grund, weshalb Jesus uns rät, der Freude zu huldigen, damit wir gesund bleiben.

›Little Bill‹ Miller, Coach der Cincinnati Reds, der Chicago Cubs und weiterer Baseballmannschaften, vertrat die Auffassung, Glücklichsein habe einen höheren Rhythmus zur Folge, was bei einer sportlichen Leistung natürlich sehr wichtig ist. Als er einem gestreßten und verkrampften Mann die Grundregeln des Golfspiels beibringen mußte, forderte er ihn auf, einmal um den Abschlagplatz herumzugehen und dabei ein Lied zu singen. Der Mann tat, wie ihm geraten wurde, worauf er sich entspannte und seine Bewegungen rhythmisch und harmonisch wurden. Immer noch singend trat er an den Abschlag heran, holte aus und trieb den Ball schwungvoll in Richtung Loch.

Vielleicht erfassen wir gar nicht in vollem Umfang, was unsere Religion für uns tun kann. Wenn Sie trübsinnig und deprimiert sind, suchen Sie bewußt die Freude Gottes. Dann wird schon nach kurzer Zeit ein neues Gefühl des Wohlseins Ihren Körper durchströmen.

Freude, die durch die Kanäle des Bewußtseins fließt, beeinflußt offenbar auch das Blut, das durch die Arterien und Venen pulsiert. Es scheint in der Tat, als ob Freude den Blutkreislauf verbessern würde. Die Vögel sind die fröhlichsten Kreaturen, und ihr Blut zirkuliert alle zwei Minuten einmal durch den ganzen Körper. Freude regt die chemische Aktivität des menschlichen Körpers an und trägt dazu bei, daß blaßrosa Zellen wieder kräftig dunkelrot werden. Freude wirkt vorbeugend gegen jede Art von Anämie. Es ist erstaunlich, wie viele Krankheiten sich bessern oder gar heilen lassen, indem der Patient einfach der Freude lebt. Anämie tritt in der Regel dort auf, wo ein Mangel an Glück herrscht; Bluthochdruck stellt sich in der Regel dort ein, wo im Übermaß vorhanden ist, was das Glück beeinträchtigt, nämlich Ärger und Kummer.

Je mehr wir ganz bewußt die schweren Verantwortungen unseres Lebens auf Gott übertragen, desto ruhiger und gelassener können wir es in unserem Leben nehmen, desto besser können wir Leid und Schmerz unter Kontrolle halten oder lindern. Der Mensch, heißt es, sei so alt wie seine Arterien. Ständige Gedanken an erlittene Niederlagen und frustrierende Erlebnisse können Arteriosklerose in nicht unbedeutendem Maße mitverursachen. Vorbeugend, und oft sogar heilend, wirken dagegen neue und leichte Gedanken, Gedanken von Frieden, Glück und Begeisterung. Haßgefühle, Ängste, Erinnerungen an Pechsträhnen und andere negative Gedanken berauben das Leben nur allzuoft seiner schönsten Seiten. Um der Gesundheit willen ist es von Vorteil, einer Religion anzugehören, sofern in deren Zentrum Liebe und Glück stehen.

Jesus lehrte: »Dies habe ich euch gesagt, damit meine Freude in euch ist und damit eure Freude vollkommen wird.« (Johannes 15,11) Dies mag ein Grund sein, weshalb sich heute immer mehr Menschen wieder der Religion zuwenden und ihr Leben danach einrichten, weshalb mehr religiöse Literatur gelesen wird als je zuvor und weshalb sich die Kirchen wieder mehr füllen. Denn so viel ist sicher: Wer sich der inneren Freude hingibt und sie auch lebt, dem sind Gesundheit, Vitalität, neues Leben und strahlendes Glück beschieden.

Und wie pflegt man die innere Freude?

Es ist zunächst wichtig, mit alten Gewohnheiten zu brechen. Wenn Sie von Natur aus eher negativen Gedanken nachhängen, werden Sie lernen müssen, die innere Freude zu pflegen und dadurch eine positivere Einstellung zu entwickeln, wenn Sie sich besser fühlen wollen. Wir haben Gymnastikübungen, um unseren Körper fit zu halten; wir brauchen auch Fitneßübungen für unseren Geist und unser Gemüt.

Wenn Sie morgens aufstehen, stellen Sie sich vor den Spiegel; studieren Sie Ihr Gesicht. Geben Sie sich dann während zwei Minuten voll bewußt ganz positiven Gedanken hin. Wir ertüchtigen unseren Körper, straffen ihn. Aber es ist genauso wichtig, den Geist zu üben. Denn die großen Dinge des Lebens werden im Geist entschieden, er muß also lebendig sein.

Oder versuchen Sie es auf folgende Weise: singen Sie jeden Tag mindestens zwei Lieder. Viele Menschen haben erfahren, daß sich religiöse Lieder am besten dazu eignen, weil sie in ihrem Geist positiv sind. Lernen Sie ein paar Kirchenlieder auswendig, und singen Sie sie. Nehmen Sie dabei eine aufrechte Haltung ein, und singen Sie aus voller Kehle. Es wird Ihnen guttun, nicht nur geistig, sondern auch seelisch und körperlich.

Singen Sie jeden Morgen, wenn Sie duschen oder ein Bad nehmen. Wenn Sie sich äußerlich mit Wasser und Seife waschen, können Sie sich gleichzeitig auch innerlich mit einem Kirchenlied ›waschen‹. Es wird die Reinheit und den Eifer des Geistes anregen und so zu Ihrer Gesundheit und zu Ihrem Glück beitragen.

Auch Begeisterung will geübt sein

Begeisterung ist eine der größten Qualitäten des Lebens, aber Begeisterung will geübt sein, wenn sie ein entscheidender Faktor in unserem Leben werden soll.

Was ist denn so außerordentlich faszinierend an einem kleinen Kind? Seine Begeisterung! Es findet die Welt herrlich; es liebt sie; es ist an allem interessiert. Thomas Huxley sagte, das Geheimnis des Genies bestehe darin, den Geist des Kindes bis ins hohe Alter zu bewahren, was doch nichts anderes bedeutet, als die Begeisterung nicht zu verlieren. Aber es gelingt viel zu wenig Menschen, diese Aufregung und Erregung zu bewahren, und ein Grund dafür ist, daß sie sich ihre Begeisterung nehmen lassen. Wenn Ihr Leben nicht Ihren Erwartungen entspricht, prüfen Sie einmal den Stand Ihrer Begeisterung.

Meine Mutter war einer der begeistertsten Menschen, die ich je gekannt habe. Auch den alltäglichsten Ereignissen vermochte sie eine ungeheuer aufregende Seite abzugewinnen. In allem und jedem konnte sie etwas Romantisches, ja sogar Erhabenes sehen. Sie bereiste die ganze Welt und konnte vor lauter Begeisterung meist kaum an sich halten. Ich erinnere mich an eine Nebelnacht, in der wir mit der Fähre von New Jersey nach New York City übersetzten. Für mich hatte eine durch den Nebel pflügende Fähre nichts besonders Reizvolles an sich. Meine Mutter aber rief voller Begeisterung:

»Ist das nicht aufregend?«

»Was ist aufregend?« fragte ich.

»Ach«, antwortete sie, »der Nebel, all die Lichter, die Fähre, die uns eben gekreuzt hat! Sieh nur, wie geheimnisvoll der Nebel allmählich ihre Lichter verschluckt.«

In jenem Augenblick durchdrang das dumpfe Heulen eines Nebelhorns die weiße Nebelwatte. Im Gesicht meiner Mutter spiegelte sich die Aufregung eines kleinen Kindes. Für mich hatte diese Überfahrt nichts Besonderes bedeutet; mir war es nur darum gegangen, möglichst rasch auf die andere Seite des Flusses zu gelangen.

In jener Nacht stand meine Mutter an der Reling und schaute mich forschend an. Dann begann sie sanft zu sprechen: »Ich habe dir dein ganzes Leben lang Ratschläge gegeben, Norman. Einige von ihnen hast du befolgt, andere nicht. Aber ich würde mich freuen, wenn du dir zu Herzen nähmest, was ich dir jetzt sagen will: Erkenne, daß die Welt voller Schönheit und Aufregung ist. Sei immer dafür empfänglich. Liebe die Welt, ihre Schönheit, ihre Menschen.«

Und ich glaube wirklich daran, daß jedermann, der sich unablässig bemüht, diesen einfachen Rat zu befolgen, in reichem Maße mit Begeisterung belohnt und ein Leben voller Freude haben wird. Ich selbst weiß es, denn ich habe zu meinem großen Glück den Rat meiner Mutter beherzigt.

›Fräulein Niemand‹

Es wirkt aber auch bei andern. So traf ich zum Beispiel eines Abends ›Fräulein Niemand‹. Nach einem Vortrag in einer Stadt an der Westküste sprach mich eine junge Frau nach einem raschen, schlaffen Händedruck sehr leise und scheu an: »Ich wollte Sie gern kennenlernen, aber ich glaube, ich sollte Sie besser nicht belästigen. Da sind so viele wichtige Leute hier, und ich bin doch einfach niemand.«

»Bitte warten Sie noch einen Augenblick«, erwiderte ich. »Ich möchte gern mit Ihnen reden.« Später sagte ich dann: »Nun, Fräulein Niemand, jetzt können wir uns ein wenig unterhalten.«

»Wie haben Sie mich genannt?« fragte sie überrascht.

»Nun, ich nannte Sie beim einzigen Namen, den Sie mir gaben. Sie sagten, Sie seien niemand. Haben Sie denn noch einen anderen Namen?«

»Natürlich«, gab sie zu. »Aber sehen Sie, ich leide sehr unter einem Minderwertigkeitskomplex. Ich habe mir Ihren Vortrag angehört in der Hoffnung, Sie würden etwas sagen, das mir helfen könnte.«

»Gut«, willigte ich ein. »Ich sage es Ihnen jetzt: Sie sind ein Kind Gottes.« Und ich riet ihr, sich jeden Tag hoch aufzurichten und laut zu sich selbst zu sagen: »Ich bin ein Kind Gottes.« Danach gab ich ihr noch ein paar Tips, wie sie sich in Begeisterung üben und ihr Selbstvertrauen stärken konnte.

Als ich kürzlich wieder einen Vortrag in der gleichen Gegend hielt, trat eine sehr attraktive junge Frau zu mir. »Erinnern Sie sich noch an mich?« fragte sie. »Ich bin das ehemalige Fräulein Niemand.« Die Begeisterung, die sie ausstrahlte, und das Licht, das in ihren Augen leuchtete, verrieten die tiefgreifende Veränderung, die diese junge Frau erlebt hatte.

Aus dieser kleinen Episode läßt sich eine große Erkenntnis gewinnen: Jedermann kann sich ändern! Auch Sie können sich ändern! Freude und Begeisterung vermögen selbst einen trübseligen Niemand in einen begeisterten Jemand zu verwandeln.

Versuchen Sie es mit dem ›Als ob‹-Prinzip

Sie können sich selber zu einem begeisterten Menschen machen. Bevor Sie sich allerdings in irgendeine Richtung verwandeln, sollten Sie sich darüber klar werden, welche konkrete Eigenschaft Sie eigentlich haben möchten, und sich dann das Bild, das Sie auf diese Weise von sich entwerfen, fest in Ihr Bewußtsein einprägen. Danach erst können Sie daran gehen, dieses Bild zu entwickeln, indem Sie so handeln, *als ob* Sie die gewünschte Eigenschaft bereits besäßen, und sich ununterbrochen einreden, Sie seien nun auf dem besten Weg, die gewünschte Eigenschaft aus eigenem Antrieb zu erarbeiten. So wenden Sie das ›Als-ob‹-Prinzip zu Ihrem Nutzen an.

William James, der oft als Vater der amerikanischen Psychologie bezeichnet wird und dieses Prinzip selber lehrte, pflegte zu sagen: »Willst du eine Qualität, handle so, als ob du sie bereits besäßest.«

Und im 3. Akt von *Hamlet* legt Shakespeare seinem Prinzen folgende Worte in den Mund: »Nehmt Tugend an, wenn Ihr sie nicht schon habt.« (Übers.: Erich Fried)

Frank Bettger, ein äußerst erfolgreicher Versicherungsvertreter, verdankt seine kometenhafte Laufbahn ebenfalls diesem Prinzip, wie wir in Kapitel 5 noch erfahren werden.

Erzählen Sie sich selbst gute Nachrichten

Beim Aufbau Ihrer Begeisterung können Sie die Vorzeichen für den neuen Tag schon in den ersten paar Minuten nach dem Aufwachen setzen. Henry David Thoreau, der große amerikanische Schriftsteller, pflegte morgens noch eine Weile im Bett zu liegen und sich alle guten Nachrichten zu erzählen, die ihm gerade durch den Kopf gingen. Dann stand er auf, um den Tag in einer Welt mit lauter guten Dingen, guten Menschen und guten Gelegenheiten zu begrüßen. Diese geistige Motivation zu Beginn jedes neuen Tages wird auch Sie mit neuer Lebenskraft erfüllen.

William H. Danforth, bis zu seinem Tod ein sehr erfolgreicher Geschäftsmann, empfahl: »Richte dich jeden Morgen zu deiner vollen Größe auf, und reck dich. Lenke dann deine Gedanken in große Bahnen – denke große, erhabene Gedanken. Verlaß dann dein Haus, und vollbringe große Taten. Wenn du dies tust, wird dir die Freude Wellen gleich entgegenbranden.«

Strahlen Sie den ganzen Tag lang Begeisterung aus, und am Abend wird Ihr Konto der Freude so gefüllt sein, daß es beinahe überströmt.

Lesen Sie die Bibel, denn sie ist voll von Sätzen, welche Begeisterung erzeugen. Was kann denn mehr motivieren als zum Beispiel die Worte: »Alles kann, wer glaubt« (Markus 9,23) oder »Und alles, was ihr im Gebet erbittet, werdet ihr erhalten, wenn ihr glaubt« (Matthäus 21,22)? Sättigen Sie Ihren Geist mit erhabenen Worten aus der Bibel.

Beten Sie dann zu Gott, er möge Sie leiten, und gehen Sie dahin!

Lieben Sie das Leben und die Menschen, und Sie werden begeistert sein

Eine Zauberformel, die ein erfolgreiches und begeistertes Leben verspricht, bilden die folgenden Worte: *Finde ein Bedürfnis, und befriedige es.* Jedes Unternehmen, das Erfolg gehabt hat, ist auf dieser Formel aufgebaut.

Finden Sie heraus, was die Leute brauchen, und geben Sie es ihnen. Lieben Sie die Menschen. Lieben Sie den Himmel, die Berge und die Täler. Lieben Sie das Schöne, lieben Sie Gott. Wer liebt, wird unausweichlich von Begeisterung erfüllt. Wenn Sie nicht begeistert sind, beginnen Sie noch heute ganz bewußt die Liebe am Leben zu pflegen.

Nehmen wir zum Beispiel Fred, der in einer großen Stadt ein kleines Imbißlokal betreibt. Ich besuchte es eines Abends, um noch eine Kleinigkeit zu essen.

Fred stützte sich mit seinen Riesenpranken auf die Theke und begrüßte mich mit den Worten: »Okay, Bruder, was darf's denn sein?«

»Sind Sie Fred?« fragte ich zurück.

»Bin ich.«

»Ich habe gehört, Sie hätten gute Hamburger hier.«

»Bruder, Hamburger, wie Sie sie noch nie gegessen haben.«

»Gut, dann hätte ich gern einen.«

An der Theke saß ein alter Mann, der einen mitleiderregenden Anblick bot. Er war ganz in sich zusammengesunken, und seine Hände zitterten. Nachdem mir Fred meinen Hamburger serviert hatte, legte er seine Pranke vorsichtig auf die Hand des alten Mannes. »Ist ja gut, Bill« sagte er, »ist ja alles in Ordnung. Ich mache dir jetzt einen Teller von dieser guten Suppe, die du so liebst.« Bill nickte dankbar.

Ein anderer alter Mann schlurfte heran, um seine Zeche zu

bezahlen. Fred warnte ihn: »Mr. Brown, passen Sie auf, wenn Sie die Straße überqueren. Die fahren wieder viel zu schnell heute abend.« Und dann fügte er hinzu: »Schauen Sie einmal, wie sich der Mond im Fluß spiegelt. Es ist wunderschön heute abend.«

Als ich meine Rechnung beglich, konnte ich mir eine Bemerkung nicht verkneifen: »Ich finde es toll, wie Sie mit den zwei alten Leuten umgegangen sind. Sie haben ihnen das Gefühl verliehen, das Leben sei wirklich lebenswert.«

»Und warum nicht?« entgegnete Fred. »Das Leben *ist* lebenswert. Es sind recht bedauernswerte alte Männer, die beiden, und mein Lokal ist für sie so etwas wie eine Heimat geworden. Wie immer auch, irgendwie mag ich sie.«

Glauben Sie an sich selbst und an Ihr Leben. Üben Sie die Prinzipien der Begeisterung. *Finden Sie Bedürfnisse, und befriedigen Sie sie.* Glauben Sie daran, daß Sie die Leistungen in Ihrem Beruf, ja in Ihrem ganzen Leben verbessern können. Glauben Sie daran, daß Sie besser sein können, als Sie zu sein glauben. Und vergessen Sie nicht – wenn Sie glauben, etwas zu können, können Sie es! Bringen Sie neue und echte Begeisterung in Ihr Leben, denn Begeisterung macht immer einen Unterschied – einen großen Unterschied – in Ihrem Leben.

Die Kraft der Bestätigung

Ein wichtiges Element auf dem Weg zu einem Leben in Begeisterung ist die Bestätigung. Durch Bestätigung und Bekräftigung können Sie in der Tat fast alles aus sich selber machen. Nehmen wir zum Beispiel an, Sie seien von Ängsten geplagt. Bestätigen Sie: »Ich habe keine Angst. ›Für Gott ist alles möglich.‹« (Matthäus 19,26). Die Wirkung ist im Augenblick vielleicht nicht besonders groß, aber mit dieser Bestätigung haben Sie den ersten Schritt auf dem Weg zu neuem Mut getan. Und wenn Sie die Bestätigung oft genug wiederholen, wird Ihr Bewußtsein sie mit der Zeit voll und ganz akzeptieren.

Waren Sie bislang abgestumpft und gleichgültig und beginnen Sie nun, dies zu überwinden, indem Sie sich selber Ihre Begeisterung bestätigen, wird dies früher oder später in einer neuen Vitalität zum Ausdruck kommen. Dieses Vorgehen erfordert allerdings Selbstdisziplin und Entschlossenheit. Und es erfordert Ausdauer. Aber Sie können sich so eine neue und positive Haltung aneignen. Um begeistert *zu sein*, müssen Sie begeistert *handeln*.

Vielleicht hilft es Ihnen bei diesem Veränderungsprozeß, wenn Sie es sich zur Gewohnheit machen, nur noch hoffnungsvolle und begeisterte Ideen zu äußern. Sehen Sie ganz bewußt nur die beste Seite der Dinge, und mit der Zeit wird es ganz normal, nur noch das Gute, Positive zu erwarten. Sie werden in sich selbst automatisch die Begeisterung finden, die Sie haben möchten. Lassen Sie Ihrer Begeisterung bei jeder Gelegenheit freien Lauf, und Ihr Leben wird mit der Zeit sehr deutlich von Freude und Begeisterung geprägt sein.

Walter Chrysler, der Gründer des bekannten amerikanischen Autokonzerns, sagte einmal: »Wenn ich mich zwischen zwei Männern von ungefähr gleichen Fähigkeiten entscheiden muß, der eine aber offensichtlich von Begeisterung erfüllt ist, dann weiß ich, daß dieser weiterkommen wird, denn Begeisterung wirkt entfesselnd und reißt alles mit sich.«

Bestimmt! Und ein Mensch, der Begeisterung hat, will immer lernen, also schenkt er seiner Arbeit all sein Interesse und seine Aufmerksamkeit. Wer mit Begeisterung ans Werk geht, ist dauernder Höchstleistungen fähig, weil er dank seiner Begeisterung ganz aus sich herausgehen kann.

Ein solcher Mensch entwickelt geistige und seelische Reserven, die seinen Problemen entsprechen. Das heißt nicht, daß nicht auch der Begeisterte seine schweren Zeiten hat. Er wird sogar manchmal versagen. Aber er wird aus seinen Fehlern lernen (er wird ›vorwärts fehlen‹, wie es Charles Kettering einmal ausgedrückt hat) und mit dem Gelernten geschickt auf einen nächsten Erfolg hinarbeiten.

Zweifellos haben Sie auch schon den weisen Spruch gehört: »Wenn das Leben dir eine Zitrone schenkt, mach Limonade daraus.« Damit wird gesagt: »Nützen Sie eine Krise zu Ihrem Vorteil; fehlen Sie vorwärts.« Begeisterung hilft Ihnen vermeiden, daß Sie von großen Problemen erdrückt werden.

H. W. Arnold sagt: »Den schlimmsten Bankrott macht der Mensch, der die Begeisterung verloren hat. Laß einen Menschen alles verlieren außer seiner Begeisterung, und er wird wieder auf Erfolgskurs kommen.« Geist und Seele bleiben dann von Begeisterung erfüllt, wenn Sie dafür sorgen, daß die Zufuhr an Gedankenenergie größer als der Verbrauch ist. Anspannung und Aufregung zehren mit der Zeit Ihre Reserven an Energie und damit auch Ihre Begeisterung vollständig auf. Beten Sie um Weisheit und Führung, und geben Sie dann in Ihrem Beruf Ihr Bestes, »...damit ihr... alles vollbringen und... bestehen könnt« (Epheser 6,13). Überlassen Sie das Ergebnis Gott, vertrauen Sie auf seine Vorsehung. Wenn Sie dies mit Ruhe und Zuversicht tun, werden Sie Erneuerung, neue Energie und neue Begeisterung finden.

Begeisterung verändert auch die Arbeit

Begeisterung macht auch in der beruflichen Leistung den ganzen Unterschied aus. Wenn Sie zulassen, daß Gleichgültigkeit Ihre tägliche Beschäftigung beherrscht, werden Sie Ihre Arbeit schwer und mühselig finden. Kein Mensch bewältigt seine Arbeit mühelos, wenn er sie einfach als eine weitere langweilige Angelegenheit des Lebens betrachtet.

Nun sagen Sie vielleicht: »Aber meine Arbeit *ist* langweilig, und sie hat einfach keine Zukunft.« Könnte es aber nicht auch sein, daß Sie mit einer trübseligen Einstellung an sie herangehen? Packen Sie sie mit Begeisterung an, und sehen Sie, was sich verändert. Beobachten Sie aber auch, wie Sie sich dabei verändern. Begeisterung verändert eine Arbeit, weil sie den verändert, der sie verrichtet. Wenn Sie eine Arbeit mit Begeisterung anpacken, beginnt sie plötzlich zu leben, und es eröffnen sich neue Möglichkeiten. Wenn Sie sich also nach einer neuen Arbeit sehnen, versuchen Sie erst einmal, mit Begeisterung an Ihre jetzige Arbeit heranzugehen; es wäre keineswegs überraschend, wenn Sie auf diese Weise eine neue Arbeit fänden.

Fragen Sie sich zum Beispiel, was wohl jemand anders in Ihrer derzeitigen Arbeitsstelle sehen würde. Überlegen Sie, was er tun würde, wenn er plötzlich Ihre Position einnehmen müßte. Wie würde er Ihrer Meinung nach darauf reagieren? Welche neuen Ideen würde er verwirklichen, um dem neues Leben und Leistung einzuhauchen, was Sie als langweiligen Job bezeichnen? Und realisieren *Sie* dann diese Ideen.

Ein Firmenchef erzählte mir, er würde einen Angestellten ›hinauswerfen‹, woraufhin ich fragte: »Warum werfen Sie ihn nicht *hinein* in die Arbeit?« Er folgte meinem Rat, und schon bald war dieser Angestellte für die Firma kaum mehr entbehrlich. Er war zwar gefeuert worden, aber nicht hinaus. Die Begeisterung hatte ihn in zuvor unbekannte Höhen der Anteilnahme emporgefeuert. Eine neue Persönlichkeit erblühte: erfolgreich, zufrieden, kreativ. Versuchen Sie *Ihre* Arbeit mit Begeisterung zu erledigen. Möglicherweise steht Ihnen eine gewaltige Überraschung bevor.

Begeisterung wirkt bei Problemen Wunder

Begeisterung ist kein einfaches und leicht zu realisierendes Konzept. Sie ist eine Geisteshaltung, die schwer erarbeitet werden muß, die aber, wenn sie erst einmal erreicht ist, große Kraft und Macht ausüben kann.

Das Fremdwort *Enthusiasmus*, das vom griechischen *entheos* abgeleitet ist, bedeutet ›Gott in dir‹ oder ›von Gott erfüllt‹. Wenn wir also sagen, Begeisterung könne beim Lösen von Problemen wahre Wunder wirken, dann sagen wir eigentlich, Gott erfülle Sie mit genügend Weisheit, Mut und Vertrauen, damit Sie sich erfolgreich über alle Schwierigkeiten hinwegsetzen können. Wir brauchen nur zu entdecken, wie wir Effizienz und richtiges Denken begeistert auf unsere Probleme anwenden können.

Geisteshaltungen sind wichtiger als Tatsachen

Begeisterung hilft mit, das zu bewirken, was die Leute beim Lösen von Problemen als ›Wunder‹ bezeichnen. Denn Begeisterung ist eine Geisteshaltung, und in schwierigen Situationen ist die Geisteshaltung ein bedeutender Faktor. In der Tat, Geisteshaltungen sind wichtiger als Tatsachen, denn Begeisterung sorgt dafür, daß sich unser Geist nicht mehr vor Tatsachen fürchtet, sondern mit Sicherheit weiß, daß es eine Antwort gibt.

Jedes Problem trägt den Samen für seine Lösung in sich selbst. Diese Worte von Stanley Arnold können Ihrem Denken eine verblüffende Wendung geben.

Auf einem Kongreß sprach mich eine Frau an und fragte: »Wie übt man, was Sie den Zauber des Glaubens nennen, und wie erringt man die positive Macht der Begeisterung?«

»Warum versuchen Sie nicht, eine eigene, ganz persönliche Methode dafür zu erfinden?« schlug ich ihr vor. »Sie werden feststellen, daß es möglich ist, und Ihre Begeisterung wird zunehmen.«

Und so sah ihre Lösung aus: Wie bei vielen leitenden Angestellten standen auch auf ihrem Schreibtisch zwei Briefkörbchen, das eine für die eingehenden, das andere für die erledigten Briefe und Akten. Zu diesen stellte sie nun noch ein drittes mit der Aufschrift

MIT GOTT IST ALLES MÖGLICH.

In diesem Körbchen legte sie nun alle Unterlagen und Notizen im Zusammenhang mit Problemen ab, für die sie noch keine Lösung gefunden hatte. Über diese Dinge dachte sie dann bittend und betend nach.

»Ich umgebe die Probleme in jenem Körbchen mit dem Zauber des Glaubens, und die Ergebnisse sind verblüffend«, erzählte sie mir einige Zeit später. Ich war von dieser wohl einzigartigen und offenbar sehr wirksamen Methode der Problemlösung tief beeindruckt.

Üben Sie Selbstmotivation

W. Clement Stone, ein sehr bekannter und erfolgreicher Geschäftsmann, ist von tiefstem Herzen begeistert, und ich fragte ihn nach dem Geheimnis seiner Begeisterung.

»Sehen Sie«, antwortete er, »die Emotionen unterliegen ja nicht immer sofort der Vernunft, aber sie ziehen stets und unmittelbar einen Akt nach sich, einen Gedanken oder eine physische Tat.

Wenn sich zudem der gleiche Gedanke oder die gleiche Tat ständig wiederholt, entsteht daraus eine Gewohnheit, die sich, wenn sie oft genug wiederholt wird, zu einem automatischen Reflex entwickelt.

Und deshalb benutze ich Selbstmotivationen. Darunter verstehe ich Bestätigungen, die man bewußt dazu einsetzt, sich zu erwünschten Taten anzuspornen. Wiederholen Sie acht oder zehn Tage lang eine solche Selbstmotivation fünfzigmal am Morgen und fünfzigmal am Abend, bis sich die Worte unauslöschlich ins Gedächtnis eingeprägt haben.

Ich gebe Ihnen gern ein paar Beispiele dafür:

Für ein schweres persönliches Problem:

Unser Gott ist immer ein guter Gott!

Für ein geschäftliches Problem:

Ich habe ein Problem… das ist gut!

In jeder Widerwärtigkeit steckt der Same für einen gleich großen oder noch größeren Vorteil.

Was der Geist fassen und glauben kann, das kann er auch schaffen.

Finde eine gute Idee, die klappt, und führe diese Idee dann auch aus!

Erledige das jetzt!

Um begeistert zu sein… handle… begeistert.«

Begeisterung ist ansteckend

»Begeisterung ist, wie Masern, Mumps und Grippe, äußerst ansteckend«, sagt der Schriftsteller Emory Ward.

Im Gegensatz zu Masern, Mumps und Grippe tut Ihnen Begeisterung aber gut. Ich hoffe, daß Sie sie erleben – und zwar recht tüchtig.

Wenn ein ansteckender, begeisterter Glaube an sich selber

Sie aus dem selbstgebauten Gefängnis Ihres Geistes befreit, dann beginnen Sie sich zu ändern, und wenn Sie sich ändern, ändert sich auch Ihr ganzes Leben. Sie sind nun frei, um auf einer noch nie zuvor erreichten Höhe zu leben.

Vielleicht werden Sie von Problemen schwer bedrückt. Wenn Sie sich vollkommen durcheinander und verwirrt fühlen, vergessen Sie nicht, daß es Einen gibt, der sich um Sie kümmert. Der Herr wird Ihnen helfen, umzukehren, nochmals über alles nachzudenken und es dann zu bewältigen. Ihre Siege werden Sie mit Begeisterung und Freude erfüllen. Ihre Probleme werden Begeisterung und positivem Glauben weichen.

Eines Abends waren meine Frau und ich zum Essen an der Park Avenue in New York eingeladen. Man hatte uns gesagt, unser Gastgeber sei einer der reichsten Männer der Welt. Ob dem wirklich so war, erfuhr ich nie, aber seine Wohnung erinnerte in der Tat an königliche Paläste. Die Füße versanken in dicken Teppichen; was die Tischchen, Nischen und Wände schmückte, zeugte von erlesenem Geschmack: Kunstgegenstände aus Jade, prächtige Vasen und chinesische Figuren zogen die Blicke der Gäste förmlich an. Mein Hauptinteresse galt allerdings dem Souper, denn es war immerhin bereits neun Uhr abends. Nach längerem Warten verkündete die Gastgeberin den rund zwanzig Gästen endlich, ihr Koch sei leider unpäßlich und aus dem Souper hier im Haus könne leider nichts werden. Sie habe aber in einem Restaurant Tische reserviert.

Also wurden wir alle in Taxis verfrachtet. Das Restaurant erwies sich als eines jener düsteren, dunklen (aber erstklassigen) Lokale, in denen man sich den Weg zu seinem Tisch zwischen flackernden Kerzen hindurch buchstäblich ertasten mußte. Ich war noch nie zuvor dort gewesen und hatte auch noch nie davon gehört. Als wir Platz genommen hatten, fragte ich meine Frau: »Wo sind wir denn da hingeraten?« Flüsternd gab sie zurück: »Laß dir bloß nichts anmerken. Das ist ein Nachtclub.«

Nun, meine Erfahrungen mit Nachtclubs sind sehr beschränkt, aber das Essen muß recht gut gewesen sein. Ich sah zwar nicht, was ich aß, aber schlecht wurde mir auch nicht davon. Nach dem Essen wurde eine Show angekündigt. Ich beugte mich zu meiner Frau und zischte: »Komm, laß uns schnell verschwinden.«

Sie antwortete: »Das geht doch nicht, das würde einen schlechten Eindruck machen.«

»Aber kein Mensch würde bemerken, daß wir gehen«, beharrte ich.

»Nein«, erwiderte sie, »du mußt bleiben und dich gebührend von deiner Gastgeberin verabschieden.«

»Ich könnte ihr ja eine Nachricht hinterlassen«, schlug ich vor.

Aber meine Frau blieb hart: »Nein. Bleib hier bei mir.«

Und ich bin heute noch froh, daß ich damals blieb, denn es wurde eine Sängerin angekündigt, die in mir einen tiefen Eindruck hinterließ. Sie trug ein langes, schwarzes, ziemlich formloses Kleid ohne den geringsten Schmuck. Sie war auch nicht besonders hübsch, gewiß nicht so hübsch, daß man am nächsten Morgen zu Hause von ihr hätte schwärmen können. Sie war eine sehr durchschnittliche Person, und ich schätzte ihr Alter auf fünfzig oder fünfundfünfzig Jahre. Ich flüsterte meiner Frau zu: »Ich habe immer gemeint, in solchen Lokalen würden nur gut und jung aussehende Girls auftreten.«

»Man sagt, diese Frau gehöre zu den größten Stars«, gab sie zurück.

»Nun«, meinte ich, »mir wird sie es erst beweisen müssen.«

Dann begann sie zu singen. Sie war Französin, und sie sang einige ihrer Lieder in ihrer Muttersprache, andere in englischer Sprache mit einem entzückenden französischen Akzent. Sie fesselte ihr Publikum. Sie schien uns alle zu erfassen und liebevoll an sich zu drücken. Sie legte einfach alles in ihren Gesang, sich selber, ihren Körper, ihren Geist und ihre Seele. Sie sang, als ob sie zum letzten Mal auf dieser Welt singen würde, und sie hob mich buchstäblich aus meinem Sessel. Das war eine Frau, die gerne tat, was sie tat, die sich nicht groß um ihr Aussehen kümmerte. Nun, das mag gut oder schlecht sein, aber es macht keinen so großen Unterschied aus. Sie war über Äußerlichkeiten erhaben. Sie glaubte an das Leben. Sie liebte das Leben, und sie brachte alle andern dazu, es auch zu lieben. Sie war von einer Begeisterung und einer Freude erfüllt, die ich bis auf den heutigen Tag, wo ich darüber schreibe, nicht habe vergessen können.

Lebensfreude

Es ist wichtig, auch in einem Strudel von Schwierigkeiten die Freude am Leben nicht zu verlieren.

Der Chef einer großen Geschäftsorganisation strahlte Überschwenglichkeit und Zuversicht aus. Als ich in sein Büro geführt wurde, war er mitten in einer Besprechung mit seinem Stellvertreter. Die Diskussion, deren unfreiwilliger Zeuge ich wurde, verlief sehr positiv und begeistert. Es wurde ein Problem auf äußerst erfrischende und anregende Weise behandelt.

Ich fragte: »Wie erklären Sie sich Ihre Lebensfreude und Ihr positives Denken? Sie sind beide springlebendig und vertrauen darauf, daß Sie ein schwieriges Problem lösen können.«

Einer von beiden lehnte sich zu mir herüber und sagte: »Erinnern Sie sich an die Worte ›Alles vermag ich durch ihn, der mir Kraft gibt‹ (Philipper 4,13)? Nun, daran glauben wir. Wir sprechen zwar nicht darüber, aber das ist die Quelle, aus der wir Vertrauen in uns und in unsere Fähigkeit, Probleme zu lösen, schöpfen.«

»Und deshalb sind Sie so voller Freude und Begeisterung. Ist es das?« fragte ich.

»Das ist es«, antworteten beide. Sie waren von Lebensfreude und Begeisterung erfüllt und ernteten dadurch Lebensfreude und Begeisterung. Das Leben zahlt eben in gleicher Münze zurück.

»Laßt euch von Begeisterung packen«

Ich kannte den legendären Football-Trainer Vince Lombardi persönlich. Als er zu den Green Bay Packers ging, erwartete ihn eine niedergeschlagene, entmutigte Mannschaft. Er stellte sich vor seinen Spielern auf, betrachtete sie ein paar Minuten lang schweigend und begann dann ruhig, aber eindringlich zu sprechen: »Meine Herren, wir werden ein großartiges Team sein. Wir werden Spiele gewinnen. Begreifen Sie das. Sie werden lernen, den Gegner abzublocken. Sie werden lernen, zu sprinten. Sie werden lernen, den Gegner anzugreifen. Sie werden die gegnerischen Mannschaften ausspielen. Begreifen Sie das.

Und wie wir das schaffen? Sie sollen mir vertrauen und sich für mein System begeistern. Das Geheimnis der ganzen Angelegenheit liegt in dem, was sich da oben abspielt.« Und bei diesen Worten tippte er mit dem Finger an seine Stirn. »Ich will, daß Sie von nun an nur noch an drei Dinge denken: an Ihre Familie, an Ihre Religion und an die Green Bay Packers, und zwar in dieser Reihenfolge! Lassen Sie sich von Begeisterung packen – und zwar von diesem Augenblick an!«

Die Spieler richteten sich auf ihren Stühlen auf. »Nach jener Teamsitzung«, gestand einer der Verteidiger, »fühlte ich mich, als ob ich drei Meter groß wäre!« In jenem Jahr gewannen die Packers sieben Spiele, und zwar so ziemlich mit den gleichen Spielern, die im Jahr zuvor zehn Spiele verloren hatten. Im Jahr drauf wurden sie Meister ihrer Liga, im dritten Jahr sogar Weltmeister. Warum? Weil sich zur harten Arbeit, zum Können und zur Spielfreude die Begeisterung gesellt hatte.

Was die Green Bay Packers erlebten, kann auch einem einzelnen Menschen widerfahren. Was im Geist vorgeht, bestimmt das Ergebnis. Wenn ein Mensch echte Begeisterung aufbringt, erkennt man das am Aufleuchten seiner Augen, an seiner Persönlichkeit, die von Aufmerksamkeit und Leben sprüht. Man erkennt es am Schwung der ganzen Erscheinung. Begeisterung bewirkt den Unterschied in der Einstellung zu den andern Menschen, zur Arbeit, zur Welt.

Sprühen Sie wirklich vor Leben? Ist Ihre Begeisterung ansteckend? Gott will Ihnen sein Reich geben, damit Sie Freude am Leben haben. Jesus sagte: »...weil ich lebe und weil auch ihr leben werdet« (Johannes 14,19). Und er meinte ein reiches und erfülltes Leben.

Freude und Begeisterung können Ihr Leben erneuern

Jene Lebensart, die das Leben gut macht, ist ebenso exakt wie eine Wissenschaft, nicht irgend etwas, durch das man sich eben so schlecht und recht hindurchmogelt. Das Leben reagiert auf gewisse präzise Methoden und Vorgänge. Ihr Leben kann entweder Treffer oder Niete sein, voll oder leer, je nachdem, wie Sie denken und handeln. Wer begeistert ist, kennt wertvolle Quellen und schöpft aus ihnen. Er spielt ein überlegtes, klares Spiel. Er glaubt fest, nichts im Leben sei so schwierig, daß es nicht überwunden werden könnte. Ein solcher Glaube kann in der Tat Berge versetzen. Er kann Menschen verändern, die Welt verändern. Er kann Ihnen helfen, sämtliche Stürme Ihres Daseins zu überleben.

Freude und Begeisterung sind aber Qualitäten, die bekräftigt und wieder bekräftigt, geübt und wieder geübt werden müssen. Und darum schlägt Donald Curtis vor, daß Sie jeden Morgen erneut bestätigen:

»Auch heute wage ich mich wieder wohlgemut ins Abenteuer des Lebens. Ich bin voller Inspiration und Begeisterung. In allem, was ich sage und tue, werde ich vom Allmächtigen geleitet und behütet. Ich strahle Vertrauen und Kompetenz aus. Ich bin meiner selbst in jeder Situation sicher. Mit Gottes Hilfe habe ich genügend Kraft und Energie, das zu sein, was ich bin, und das zu tun, was ich tun muß...«

Als neue Menschen leben

Aktivieren Sie Ihren Geist, daß er rege und lebendig wird. Die Bibel sagt: »...so sollen auch wir als neue Menschen leben« (Römer 6,4). In diesem Wort steckt Kraft. Wir sollen nicht alten, überholten, trübseligen und ziellosen Gedanken nachhängen. Wir sollen als neue Menschen leben, in einer Lebensqualität, die jeden Morgen neu und jeden Abend frisch ist – stets erfüllt von Aufregung und Freude.

Die Bibel strömt von Aufregung und Begeisterung über. Sie wird zu Recht ›Buch des Lebens‹ genannt. »Und erneuert euren Geist und Sinn!« sagt sie (Epheser 4,23) – nicht nur oberflächlich im Geiste, sondern in der Tiefe des Sinnes, der Ihre Gedanken anregt.

Freude und Begeisterung können Ihr Leben erneuern! Ich habe dieses Buch geschrieben, damit es Ihnen helfe, in Freude und Begeisterung zu leben und zu denken.

Zehn Schritte
zu einem Leben in Freude und Begeisterung

Da unser Denken so viel Einfluß hat auf das, was aus unserem Leben wird, empfehle ich Ihnen, diesen Schritten zu folgen.

EINS Hören Sie auf, Ihr Licht unter den Scheffel zu stellen. Es ist doch auch viel *Gutes* an Ihnen. Tilgen Sie Erinnerungen an Fehlschläge und Fehler aus Ihren Gedanken, und beginnen Sie, sich als kompetenten Menschen zu sehen.

ZWEI Hören Sie auf, sich selber zu bemitleiden. Konzentrieren Sie sich von jetzt an auf das, was Sie haben, grübeln Sie nicht mehr darüber nach, was Sie verloren haben könnten. Stellen Sie eine Liste mit Ihren persönlichen Vorzügen und Ihren Begabungen zusammen.

DREI Hören Sie auf, immer nur an sich zu denken. Denken Sie auch an *andere*. Gehen Sie hin, und suchen Sie jemanden, der die Hilfe benötigt, die Sie geben können, und gewähren Sie sie dann großzügig. Sie können nicht ständig im Überfluß geben, wenn Sie nur an sich selber denken.

VIER Gott der Allmächtige gab den Menschen eine ungeheure Kraft, ihren *Willen*. Benützen Sie ihn.

FÜNF Setzen Sie sich ein *Ziel* und eine vernünftige Frist, um dieses Ziel zu erreichen.

SECHS Hören Sie auf, Ihre geistige Energie auf Murren und Grübeln zu verschwenden, beginnen Sie lieber darüber nachzudenken, was Sie *nun* tun können. Konstruktives Denken bringt mitunter verblüffende Ergebnisse.

SIEBEN Sprechen Sie jeden Morgen und jeden Abend laut folgendes Wort: »Ich kann alles durch Christus, der mir Kraft gibt.«

ACHT Sagen Sie dreimal täglich: »Dies ist der Tag, den der Herr gemacht hat; ich will jubeln und mich an ihm freuen« (Psalmen 118,24).

NEUN Denken und handeln Sie jeden Tag in Freude.

ZEHN Werden Sie begeistert; denken Sie begeistert; leben Sie begeistert!

1. KAPITEL

Das Leben kann ein freudiges Abenteuer sein

Das Leben kann ein Abenteuer voller Freude sein, jeden Tag, ein Leben lang. Das Wort *Abenteuer* klingt nach etwas Großartigem und Besonderem, doch das Leben als freudiges Abenteuer braucht nicht unbedingt die höchsten Wellen zu werfen. Es kann mit all den kleinen Dingen, aus denen die Lebenserfahrung der meisten von uns besteht, von Tag zu Tag ruhig dahinplätschern.

Der große Schriftsteller und Prediger Henry van Dyke bringt dies meiner Meinung nach sehr gut zum Ausdruck, wenn er sagt:

> Des Lebens froh sein, weil es dir die Möglichkeit gibt, zu lieben und zu arbeiten, zu spielen und zu den Sternen hinaufzublicken; zufrieden sein mit dem, was du besitzt, aber nicht zufrieden sein mit dir selbst, bis du das Beste daraus gemacht hast; nichts in der Welt verachten außer Falschheit und Bosheit, und nichts fürchten außer Feigheit; sich mehr durch seine Bewunderung und weniger durch seine Abneigung leiten lassen; nicht deines Nächsten Hab und Gut begehren, außer seiner Herzensgüte und seinem Edelmut; selten an seine Feinde, oft aber an seine Freunde, und jeden Tag an Christus denken; und körperlich und geistig so viel

Zeit wie nur möglich in Gottes freier Natur verbringen – dies sind die kleinen Wegzeichen auf dem Pfade des Friedens.

Diese »kleinen Wegzeichen auf dem Pfade des Friedens« führen, sofern man ihnen Tag für Tag folgt, schließlich zu einem Gipfel der Freude und der Begeisterung. Beide dieser erstrebenswerten Eigenschaften entwickeln sich aus der unablässigen Pflege von Güte, Wertschätzung und Liebe. Kommt dann noch die Gewohnheit hinzu, bewußt mit Gott zu leben, wird Freude Ihr Herz erfüllen, und Ihr Geist wird von Begeisterung überströmen. Sie haben sich die Freude des Lebens zu eigen gemacht.

Mutter Teresa von Kalkutta, die 1979 in Anerkennung ihres selbstlosen Einsatzes für die Beseitigung des Elends unter den Armen Indiens mit dem Friedensnobelpreis ausgezeichnet wurde, ist in den Augen vieler Menschen eine lebende Heilige. In ihrem Buch *A Gift for God* zeigt sie, daß Freude schlicht aus dem Versuch erwächst, Gottes Willen ganz allgemein im alltäglichen Leben zu erfüllen.

Freude ist Gebet – Freude ist Kraft – Freude ist Liebe – Freude ist ein Netz der Liebe, mit dem du Seelen einfangen kannst. Diejenige gibt am meisten, die mit Freude gibt. Die beste Art, Gott und den Menschen unsere Dankbarkeit zu beweisen, besteht darin, alles mit Freude anzu- nehmen. Ein freudiges Herz ist die unausweichliche Folge eines Herzens, in welchem das Feuer der Liebe brennt.

Wir alle sehnen uns nach dem Himmel, wo Gott ist, aber es liegt in unserer Macht, jetzt bei ihm im Himmel zu sein – mit ihm in diesem Augenblick glücklich zu sein. Doch jetzt mit ihm glücklich sein, das bedeutet:

lieben, wie er liebt,
helfen, wie er hilft,
geben, wie er gibt,
dienen, wie er dient,
retten, wie er rettet,
mit ihm sein die ganzen vierundzwanzig Stunden lang, ihn berühren in seiner qualvollen Menschwerdung.

Wenn man liebt und gibt, hilft und dient, wie dies Mutter Teresa so feinfühlig beschreibt, dann wird die Freude größer und die Begeisterung für Gottes Welt und ihre Menschen nimmt spürbar zu. Und als Ergebnis davon wird das Leben gut – sogar sehr gut. Das Leben gewinnt an Sinn und Bedeutung. Man freut sich zu leben.

Und die Sonne Gottes wird weiter für uns scheinen, wie John Oxenham es in seinen reizvollen Versen ausdrückt:

Gottes Sonnenschein

Keinen einzigen Augenblick, seit die Welt sich drehet,
hat die Sonne aufgehört, Strahlen zu entsenden.
Allzuoft nur konnten wir ihr Gesicht nicht sehen,
und wir waren ärgerlich, wollten nicht verstehen.
Doch es war nicht ihre Schuld, sondern die der Wolken,
denn dahinter fuhr sie fort, Strahlen auszusenden.

Und so läßt auch unser Gott über allem Finstern
unseres Erdenlebens stets seine Liebe strahlen.
Bange Ängste schaffen es, sie oft zu verhüllen;
unser Blick verschleiert sich, wenn ihn Tränen füllen.
Aber nach geraumer Zeit lichtet sich das Dunkel,
denn die Liebe Gottes kann alles überstrahlen.

Wenn wir mit der Vorstellung eines freudigen Abenteuers durch die Tage gehen, wenn wir durch ehrbare Motive angetrieben sind und die Menschen stets mit Anstand behandeln, werden wir von einem guten Selbstgefühl beseelt werden, und die Liebe zum Leben wird wachsen. Rod McKuen sagt dazu:

> Ich messe den Erfolg daran, wie gut ich in einer bestimmten Nacht schlafe. Wenn ich meine Motive für irgendwelche Handlungen nicht in Frage zu stellen brauche oder wenn ich nicht einem Mitmenschen bewußt Schwierigkeiten bereitet oder ein Leid zugefügt habe, dann habe ich Frieden mit meinem Gott und schlafe leicht ein.
>
> Kommt der Schlaf schwer, weiß ich, daß ich an diesem Tag persönlich versagt habe.

Ich habe Rods Prinzip an mir selber getestet: Wenn ich mich schlafen lege, lasse ich meine Gedanken nochmals über den ganzen Tag schweifen. Wenn ich ehrlich das Gefühl habe, daß ich von den richtigen Motiven beseelt gewesen bin und daß ich mich liebend und sorgend um meine Familie, meine Freunde und all jene Menschen, denen ich tagsüber begegnet bin, gekümmert habe, dann ist es überraschend, wie schnell ich einschlafen und wie gut ich die ganze Nacht durchschlafen kann. Und das ist sehr wichtig, wenn ich am folgenden Morgen zu einem weiteren freudigen Abenteuer des Lebens aufbrechen will.

Ich bin mir natürlich bewußt, daß wir im Laufe unseres Lebens auch hie und da mit Härten, Schmerzen, Krankheit und Schwierigkeiten konfrontiert werden. So ist das Leben auf Erden nun einmal. Der weise Schöpfer, so scheint es, will starke Menschen aus uns machen, und ohne Kampf gegen Widerwärtigkeiten, Widerstände und Probleme kann kein Mensch stark werden. Dieser Kampf macht uns stark, und durch den Vorgang des Überwindens erlangen wir das Glück. Dadurch lernen wir, wie das Leben trotz allem zu einem freudigen Abenteuer werden kann.

Lassen Sie mich Ihnen die Geschichte eines sportlichen und sehr aktiven Fünfzehnjährigen aus dem Staat Indiana erzählen. Er zog sich bei einem Trainingssprung vom hohen Brett einen Halswirbelbruch zu und ist seither – und wohl für den Rest seines Lebens – mit gelähmten Armen und Beinen an den Rollstuhl gefesselt.

Unnötig zu sagen, daß das Leben für diesen zuvor so lebhaften und aktiven Jungen beinahe stillstand. In einer solchen Lage dürfte es nicht schwerfallen, sich in die Niederlage zu schicken und verzweifelt aufzugeben. Aber Gerald Nees war aus anderem Holz geschnitzt. Er war stark im Geist und stark im Charakter.

Er war fest dazu entschlossen, seine High School abzuschließen. Er benötigte nur noch einen Kurs, um die Anforderungen zu erfüllen, und so erzählte er seiner Mutter eines Tages, er wolle den Kurs Zeichnen und Malen belegen.

»Aber wie stellst du dir das vor?« fragte sie. »Du kannst ja deine Hände überhaupt nicht bewegen.« Keineswegs entmutigt zeigte er ihr, wie er den Bleistift in den Mund nehmen und auf diese Weise zeichnen konnte. Und da sie die starke Mutter eines starken Sohnes war, bestärkte sie ihn in seinem Vorhaben, und für Gerald brach ein neues Leben an.

Gerald begann sich nun ernsthaft für Kunst zu interessieren, und schon kurze Zeit danach erhielt er ein Teilstipendium der University of Minnesota, später sogar ein volles Stipendium der Famous Artists School in Connecticut, wo er mit Ölfarben zu arbeiten begann. Mit unendlicher Geduld malt er, den Pinsel mit dem Mund führend, all die schönen Dinge, die er in seiner Umgebung entdeckt. Viele seiner Bilder, mit deren Erlös er seine Familie unterstützt, stellen Szenen der kleinen

Farm dar, die sein Schwager bewirtschaftet und auf der er mit seiner Mutter lebt.

Gerald durfte schon mehrere Einzelausstellungen bestreiten. Die erste war unter der Ägide von W. Clement Stone zustandegekommen, der selbst vierzehn Gemälde kaufte. Einmal waren einige von Geralds Bildern in der Foundation for Christian Living in Pawling, New York, zu sehen, und als ich sie anschaute, wurde auch ich von diesem bemerkenswerten Mann inspiriert.

Es ist beinahe unglaublich, wie sehr ein Mensch, gleichgültig wie stark behindert er auch sein mag, kreativ arbeiten und dynamische Kräfte freisetzen kann, die eine Niederlage abwenden. Gerald Nees' Durchhaltevermögen, sein Glaube an Gott, seine Erholungsfähigkeit und seine Widerstandskraft ließen ihn die Krise überwinden. Da er das Leben liebte, wollte er keine Niederlage dulden, und nun steckt er selbst jeden Tag eine ganze Menge in sein Leben hinein.

»Irgendwie bin ich ziemlich stur«, gesteht Gerald. »Ich mag kein Mitleid und habe mit andern kein Mitleid. Ich liebe das Leben und will so lange wie möglich leben, weil ich nichts verpassen möchte. Ich fühle mich gut, ich fühle mich glücklich.«

Wenn sich das Leben von seiner harten Seite zeigt, sind zwei Einstellungen möglich. Die eine ist, sich niederschmettern und entmutigen zu lassen, die Hoffnung aufzugeben und sich damit abzufinden, daß man nichts dagegen unternehmen kann. Diese Einstellung ist natürlich katastrophal. Denn wenn Sie zugeben – und sei es nur sich selbst gegenüber –, daß Sie nicht über das verfügen, was notwendig ist, um mit Widerwärtigkeiten fertigzuwerden, dann treten Ihre persönlichen Talente und Mittel nicht in Aktion. Und die Möglichkeiten dieser persönlichen Reserven sind gewaltig und mächtig.

Gott der Allmächtige hat jedem Menschen eine Kraft verliehen, die als *seelische Reserve* bezeichnet werden könnte, und wenn wir diese stetig nähren, aktivieren und auffrischen, können wir von ihr zehren, wenn es zur Krise kommt. Abgesehen davon, daß man nie aufgeben soll, liegt das Geheimnis also darin, tüchtig aus diesen inneren seelischen Reserven zu schöpfen.

Wer fest an Gott glaubt, hat alles Glück der Welt, denn er besitzt Reserven, auf die er zurückgreifen kann.

»Gut ist der Herr, eine feste Burg am Tag der Not. Er kennt alle, die Schutz suchen bei ihm.« (Nahum 1,7)

Stürmisches Wetter ist zwar alles andere als angenehm; und dennoch, Stürme sind gar nicht so schlimm, wenn man weiß, wie man ihnen trotzen kann – und manchmal lassen sie sich gar zu unserem Vorteil nutzen. Am einfachsten und besten ist es natürlich, sich ihnen einfach mit Mut und Hartnäckigkeit entgegenzustellen, im Wissen, daß man nie allein ist. Oder, wie Rod McKuen es ausdrückt: »Du brauchst nie Angst zu haben, allein zu sein, denn du bist nie allein.«

Mir gefällt die ›Sturm-Philosophie‹ eines alten, zähen Cowboys, der die wichtigste Erfahrung seines Lebens den Hereford-Rindern verdankt. Er erzählt, er habe sein ganzes Leben lang auf Viehfarmen gearbeitet und dabei erlebt, wie die Rinderherden den fürchterlichen Winterstürmen einen hohen Tribut zollen mußten. Eiskalte Regenschauer peitschten über die Prärien. Heulende, harsche Winde türmten haushohe Schneeverwehungen auf. Die Temperatur sank häufig unter den Nullpunkt ab. Eissplitter drangen in die Haut ein. In diesem Toben der Naturgewalten pflegten die meisten Rinder den bitterkalten Windböen den Rücken zuzuwenden und sich langsam Meile um Meile mit dem Wind dahintreiben zu lassen, bis ein Grenzzaun ihnen schließlich Einhalt gebot. Dort drängten sie sich dann zusammen, um unter Qualen förmlich dezimiert zu werden.

Hereford-Rinder aber reagierten anders. Sie drehten sich instinktiv gegen den Wind und stellten sich Schulter an Schulter dem Sturm entgegen, die Köpfe tief gesenkt, um den Windstößen zu trotzen. »Die Herefords kamen meistens mit dem Leben davon und waren bei bester Gesundheit«, erzählte der Cowboy. »Ich glaube, das ist die größte Lektion, die ich je in der Prärie gelernt habe – sieh den Stürmen des Lebens einfach entgegen.«

Die Lektion ist stichhaltig. Versuchen Sie nicht, Schwierigkeiten oder Dingen, vor denen Sie Angst haben, auszuweichen; lassen Sie sich nicht mit dem Wind treiben in der Hoffnung, ihm zu entkommen. Jeder Mensch steht immer und immer wieder vor der Entscheidung, ob er seinen Problemen und Schwierigkeiten entgegentreten oder vor ihnen wegzulaufen versuchen soll.

Der Angst kann man in der Tat nicht entkommen, auch den Widerwärtigkeiten nicht. Nehmen Sie dieses ungleiche Rennen auf, und Sie werden sich selbst zu Tode hetzen, ein klägliches Opfer des Unvermeidlichen werden. Versuchen Sie es auf eine bessere Art. Stellen Sie sich Ihren Schwierigkeiten und Stürmen entgegen, und denken Sie stets daran, daß sie überwunden werden können.

In unserer heutigen Zeit, in der Wandern, Joggen, Laufen und Fahrradfahren bei gesundheitsbewußten Bürgern so hoch im Kurs stehen, können wir von einem unbekannten Radfahrer lernen, welche Denkweise auch beschwerliche Fahrten überstehen hilft und wie man sich dadurch die Lust an freudigen Abenteuern erhalten kann:

Radfahrer behaupten, es sei nachts leichter, einen Berg zu erklimmen als am Tage. Steigungen, die bei Tageslicht kaum bewältigt werden können, sind in der Dunkelheit zu schaffen. Nachts sieht der Radfahrer nur ein paar Meter weit, und der schwache Schein seiner Lampe vermittelt ihm die Illusion, die

Straße verlaufe eben oder zumindest viel weniger steil. Er glaubt, er schaffe die paar Meter über seinen Lichtkegel hinaus noch ohne weiteres, und so fährt er immer weiter und weiter. Am Tage aber sieht er das ganze Straßenstück, das ganze Problem, und es kommt ihm so unüberwindlich vor, daß ihn der Mut verläßt.

Es ist eine Tatsache, daß Freude aus Schwierigkeiten erwächst, vielleicht sogar mit größerer Gewißheit als aus glücklichen Umständen. Wenn ich an die vielen wirklich freudigen Menschen denke, die ich kenne, dann sind, so glaube ich, fast ausnahmslos diejenigen die glücklichsten, die ihre Freude entweder durch seelische Erfahrungen oder durch Schwierigkeiten oder durch eine Kombination von beidem gewonnen haben.

Harold Blake Walker hat dies vortrefflich formuliert:

> Probleme bedeuten keine Katastrophe, wenn wir wissen, daß wir damit fertigwerden können. Die Freude Jesu rührte in der Tat nicht daher, daß er keine Schwierigkeiten gehabt hätte, sondern von der Überzeugung, daß er die Kraft hatte, zu triumphieren.

Welch ein Tag ist es doch für den kleinen Jungen, der schwimmen lernt, wenn er nach einem kühnen Sprung ins Wasser auftaucht und prustend ruft: »Schau nur, Papa, ich schwimme.« Es ist keineswegs der Mangel an Schwierigkeiten, der einem Mann Freude bereitet, der sich mühevoll ein kleines Geschäft an der Hauptstraße aufbaut; es ist die dankbare Gewißheit, des Sieges fähig zu sein, die ihn frohlockend zu seiner Frau sagen läßt: »Liebling, jetzt sind wir zahlungsfähig.«

Was den Morgen mit Freude erfüllt, ist nicht der Gedanke, daß der heutige Tag frei von Problemen, Schwierigkeiten oder Sorgen ist, sondern eher die Gewißheit, daß »ich alles vermag durch ihn, der mir Kraft gibt«. Ein Spitalpatient, den ich kenne, weiß das. Wie sehr er auch unter Arthritis und Herzbeschwerden leiden mag, er wirkt auf mich dennoch bei jedem Besuch wie ein Tonikum. Er begrüßt mich mit einem Grinsen, das von Ohr zu Ohr reicht, und selbst wenn es ihm sehr schlecht geht, hat er ein paar lustige Worte übrig. Er weiß aus langen Jahren der Kameradschaft mit Gott, daß er seelisch auf alles vorbereitet ist, was kommen mag.

Die bekannte Schriftstellerin Margueritte Harmon Bro vermittelt uns in diesem Zusammenhang eine uralte japanische Weisheit:

Ein hoher Staatsbeamter fragte einst einen der berühmtesten japanischen Schogun-Herrscher des 16. Jahrhunderts, Tadaoki Hosakaw: »Was für einen Mann nennt Ihr einen fähigen Mann?«

»Ein fähiger Mann ist wie eine Auster in der Bucht von Akaschi.«

»Ihr habt recht«, stimmte der Staatsbeamte zu, hoch erfreut über die Weisheit seines Herrn.

Die Männer in der Runde schauten sich verständnislos an. Dann wagte einer von ihnen zu sagen: »Wir verstehen nicht, was es mit der Auster auf sich hat, die Eure Hoheit offenbar so zu befriedigen schien.«

Der Staatsbeamte erklärte: »Die Bucht von Akaschi ist eine der stürmischsten Buchten, wo heftiger Wellengang die Muscheln sehr härtet. Es ist bekannt, daß die besten Austern aus dieser Bucht der Stürme kommen. Und in gleicher Weise sind in der Welt der Männer jene die besten, welche in ununterbrochenen Stürmen der Widerwärtigkeit ihre Probe bestanden haben.«

Eine der großartigsten Quellen der Freude im Abenteuer des Lebens ist das wunderbare Gefühl, daß wir haben, was wir benötigen, um überwinden zu können – unsere Ängste, unsere Probleme, unsere Widerwärtigkeiten und selbst Schmerz und Tod.

Da draußen ist das Leben, es ruft Ihnen zu, was es mit Ihnen vorhat. Sehen Sie ihm entgegen, lieben Sie es, leben Sie es! Denken Sie einfach daran, wer Sie sind: Sie sind ein Kind des ewigen Gottes; Sie sind ein Jünger Jesu Christi. Und treten Sie dem Tod mutig entgegen, wohl wissend, daß nichts Sie jemals zerstören kann, denn Ihnen ist das immer neue Leben. Gehen Sie also mit Zuversicht voran.

Durch das Erfahren und Erleben von Schwierigkeiten pflegen wir die Freude. Wir können sie auch pflegen, indem wir sie üben, indem wir lernen, zu lachen und froh zu sein. Wir werden letzten Endes zu dem, was wir denken und was wir tun. Wenn wir also ein freudiges Leben leben wollen, tun wir gut daran, freudig zu handeln. Und ein Weg dazu ist, einfach zu lachen.

Bertha Adams Backus gibt uns einen guten Rat, wie wir mit Lachen den Weg zu Freude finden können:

Dann lach

Erbaue dir selbst eine Truhe,
massiv, und auch nicht zu klein.
Und ist sie so stark wie nur möglich,
leg all deine Sorgen hinein.
Begrab alle bittern Gedanken,
und halte sie nicht länger wach.
Leg das, was dich quält, in die Truhe,
dann laß dich d'rauf nieder und lach.

Erzähl keinem Menschen, was drin ist,
  verrat die Geheimnisse nicht.
Verpack deine Sorgen und Ängste,
  laß niemals sie wieder ans Licht.
Verbirg sie so gründlich und sicher
  wie in einem stählernen Fach.
Verschließ deine Truhe auf ewig,
  dann laß dich drauf nieder und lach.

Ein Dichter, dessen Namen ich nicht kenne, bat um die Gabe des Lachens in Zeiten der Mühsal. Die Fähigkeit, in Freude zu leben, bedeutet, das Leben zu einem aufregenden Abenteuer zu machen, egal, wie viele dunkle Täler wir durchqueren müssen.

Gib, bitte, daß ich lachen mag,
  wie nah auch Tränen weilen;
gib, daß ich lache jeden Tag,
  den Ängsten zu enteilen.

Zu grüßen voller Zuversicht
  des neuen Tags Erwachen.
Gib, bitte, daß ich lachen mag,
  statt seufzen nur noch lachen.

Aber ich möchte nochmals betonen, daß dem Freude verheißen ist, der es schafft, in stürmischen und harten Zeiten durchzuhalten und dranzubleiben. Ich habe das große Vergnügen, den berühmten Schriftsteller A. J. Cronin zu kennen, und ich bewundere ihn sehr als Mann, dem es gelungen ist, mit seinen Romanen Millionen von Lesern zu unterhalten und zu inspirieren. Aber auch für ihn hielt das freudige Abenteuer des Lebens immer wieder schwere und harte Wege bereit. Wenn auch Ihnen das Leben schwer wird, rate ich Ihnen, einfach die folgende Geschichte zu lesen, die ich selber sicher über fünfzigmal zum Wohl meiner Seele gelesen habe:

Der Wendepunkt meines Lebens

Damals war ich 33, Arzt im West End von London. Ich hatte Glück gehabt und nach mehreren beschwerlichen Assistentenposten in Bergwerken von Wales eine eigene Praxis eröffnen können – erworben mit Hilfe des Finanzierungsplans eines netten, alten Hausarztes, der bei unserer ersten Begegnung meine ausgetretenen Stiefel und meine abgewetzten Manschetten wohl bemerkt hatte und mir dennoch Vertrauen schenkte.

Ich glaube, ich war kein schlechter Arzt. Meine Patienten schienen mich zu mögen – nicht nur die netten alten Damen, denen gar nichts fehlte, die aber nun einmal in der Nähe des Parks wohnten und mich für meine angenehme Art am Krankenbett ganz hübsch bezahlten, sondern auch die Droschkenkutscher, die Gepäckträger und Herumtreiber in den Gassen und Hintergäßchen von Bayswater, die nichts bezahlten und denen oft sehr viel fehlte.

Und doch war da etwas... obwohl ich alles behandelte, was zu mir kam, obwohl ich alle medizinischen Fachzeitschriften las, an wissenschaftlichen Seminaren teilnahm und sogar Zeit fand, auch nach Abschluß meiner Studien noch weitere Diplome zu erwerben... ich war mir meiner selbst nicht vollkommen sicher. Es gab nichts, bei dem ich lange bleiben konnte. Ich wollte mich der Reihe nach auf Dermatologie, Ohrenchirurgie und Pädiatrie spezialisieren, ließ aber alle Pläne bald wieder fallen. Obgleich ich die Tage und die Hälfte aller Nächte durcharbeitete, fehlte es mir dennoch an Ausdauer und Standhaftigkeit.

Eines Tages begann ich an Verdauungsstörungen zu leiden. Wochenlang widerstand ich den eindringlichen Bitten meiner Frau, bis ich einem befreundeten Arzt einen Besuch abstattete, um ihn so ganz nebenbei auch zu konsultieren. Ich rechnete mit einer Flasche *Bismutum subnitricum* und einer Einladung zum Bridge. Aber ich bekam den Schock meines Lebens: er verordnete mir sechs Monate absoluter Ruhe auf dem Land bei einer Milchdiät. Ich hatte ein Magengeschwür.

Der Ort meines Exils, den ich nach langwierigem Für und Wider wählte, war ein kleines Bauernhaus bei Tarbert im Schottischen Hochland. Stellen Sie sich ein einsames, weißgetünchtes Bauernhaus an einem regenverhangenen See vor, inmitten wilder Berge, deren Gipfel sich im grauen Nebel verlieren, im Vordergrund Langhornrinder, die, behäbig wie Kirchenälteste, an ihren Disteln kauen. Das war Fyne Farm. Stellen Sie sich nun einen müden Fremden in Stadtkleidung vor, der mit Schmerzen in seiner Mitte und mit Packungen von peptonisierenden Pulvern in seinem Koffer dort ankommt. Das war ich.

Nichts ist für den tatendurstigen Menschen quälender als erzwungener Müßiggang. Eine Woche auf Fyne Farm trieb mich beinahe zum Wahnsinn. Jeder körperlichen Beschäftigung enthoben, blieb mir nur übrig, die Hühner zu füttern und zu lernen, die mißbilligenden Rinder bei ihren Namen zu rufen. Krampfhaft auf der Suche nach etwas, was ich tun könnte, kam mir plötzlich ein Gedanke. Schon seit Jahren hatte ich irgendwo in meinem Hinterkopf die Illusion mit mir herumgetragen, ich könnte schreiben. In schwachen Augenblicken hatte ich sogar mehrmals zu meiner Frau gesagt: »Weißt du, ich glaube, ich könnte einen Roman schreiben, wenn ich Zeit hätte.« Woraufhin sie mir freundlich über ihre Strickarbeit hinweg zugelächelt, »Glaubst du wirklich?« gemurmelt und das Gespräch taktvoll wieder auf Johnnie Smiths Keuchhusten zurückgelenkt hatte.

Nun, als ich am Ufer jenes einsamen Hochlandsees stand, erhob ich meine Stimme in einem Anfall von Selbstrechtfertigung: »Bei Gott! Das ist die Gelegenheit. Magengeschwür hin oder her, ich werde einen Roman schreiben.« Bevor ich es mir anders überlegen konnte, ging ich schnurstracks ins Dorf und kaufte mir zwei Dutzend billige Notizhefte.

Oben in meinem kalten, sauberen Zimmer befanden sich ein aus Brettern roh zusammengezimmerter Tisch und ein sehr harter Stuhl. Am nächsten Morgen saß ich auf diesem Stuhl, vor mir auf dem Tisch ein aufgeschlagenes, noch unbeflecktes Notizbuch, und mir wurde allmählich bewußt, daß ich – abgesehen von Rezepten in Küchenlatein – meiner Tage noch nie einen einzigen bedeutenden Satz geschrieben hatte. Ein entmutigender Gedanke, mit dem ich nach der Feder griff und meinen Blick aus dem Fenster schweifen ließ. Dennoch, ich würde anfangen. Drei Stunden später rief mich Mrs. Angus, die Bauersfrau, zum Mittagessen. Die Seite vor mir war noch immer weiß.

Als ich hinunterging zu Milch und Quark, kam ich mir wie ein fürchterlicher Idiot vor. Ich erinnerte mich ziemlich finster an die scharfen Worte, mit denen mich mein alter Schulmeister aufgefordert hatte, etwas zu tun. »Schluck es hinunter!« pflegte er zu sagen. »Wenn es in deinem Kopf steckenbleibt, wird nie etwas daraus werden. Schluck es hinunter!« Und so ging ich nach dem Essen wieder hinauf und begann, es hinunterzuschlucken.

Über die Trübsal der folgenden drei Monate decke ich wohl am besten den Mantel des Schweigens. Das Thema, das ich behandeln wollte – die tragische Aufzeichnung über den Egoismus und bitteren Stolz eines Mannes –, hatte ich sehr klar in meinem Kopf. Ich hatte sogar schon den Titel des

Buches. Aber abgesehen von diesen wenigen naiven Ausgangspunkten war ich erbärmlich schlecht vorbereitet. Ich hatte keine Ahnung von Technik, keine Kenntnisse von Stil oder Form. Ich hatte noch nie einen Thesaurus gesehen. Die Schwierigkeit einfacher Aussagen erschütterte mich. Ich verbrachte Stunden damit, ein passendes Adjektiv zu suchen. Ich korrigierte und korrigierte wieder, bis die Seite wie ein Spinnennetz aussah, dann zerriß ich sie und begann wieder von vorn.

Doch nachdem ich einmal angefangen hatte, verfolgte es mich. Meine Gestalten nahmen Form an, sprachen mit mir, lachten, weinten, erregten mich. Wenn ich mitten in der Nacht eine Idee hatte, stand ich auf, zündete eine Kerze an und legte mich auf den Boden, bis ich sie zu Papier gebracht hatte. Zunächst betrug meine Arbeitsgeschwindigkeit ungefähr 800 mühsam erkämpfte Wörter pro Tag. Gegen Ende des zweiten Monates kam ich schon mühelos auf 2000.

Plötzlich, auf halbem Weg, geschah das Unvermeidliche. Das Elend traf mich wie eine Lawine. Ich fragte mich: »Warum gebe ich mich mit einer solchen Plackerei ab, für die ich noch nicht einmal die lächerlichsten Voraussetzungen mitbringe?« Ich warf meine Feder hin. Fieberhaft las ich die ersten Kapitel durch, die soeben aus London eingetroffen waren, wo meine Sekretärin sie in die Schreibmaschine getippt hatte. Ich war bestürzt. Nie, noch nie in meinem ganzen Leben hatte ich einen derartigen Unsinn gelesen. Niemand würde so etwas lesen. Ich sah endlich ein, daß ich ein größenwahnsinniger Träumer war, daß alles, was ich geschrieben hatte, alles, was ich je schreiben würde, vergeudete Mühe, reine Sinnlosigkeit war. Unvermittelt und wütend bündelte ich die Seiten, ging hinaus und warf sie in den Papierkorb.

Mit einer Art schwermütiger Befriedigung über meine Kapitulation oder, wie ich mich lieber ausdrückte, über meine Rückkehr zu gesundem Menschenverstand, ging ich hinaus in den feinen Sprühregen. Auf halbem Weg hinunter zum See stieß ich auf den alten Angus, den Bauern, der mit Fleiß und Geduld ein Stück des sumpfigen und torfigen Heidelandes, aus dem sein karges, kleines Pachtgrundstück hauptsächlich bestand, durch Gräben rundherum trockenzulegen versuchte. Als ich näher kam, blickte er einigermaßen verwundert zu mir auf: Er wußte von meinem Vorhaben und hatte es mit dieser dem Schotten angeborenen Verehrung für die ›Schriftstellerei‹ stillschweigend gebilligt. Als ich ihm erzählte, was ich eben getan hatte und weshalb, nahm sein wettergegerbtes Gesicht langsam einen andern Ausdruck an, und seine wachen, blauen Augen musterten mich mit Enttäuschung und merkwürdiger Verachtung. Er war ein sehr schweigsamer Mann, und es dauerte lange, bis er sprach. Und selbst dann waren seine Worte geheimnisvoll.

»Kein Zweifel, Sie sind es, der recht hat, Doktor, und ich habe unrecht…« Er schien bis in mein Innerstes hineinzusehen. »Mein Vater zog sein ganzes Leben lang Gräben um diesen Sumpf und machte nie Weideland daraus. Ich habe *mein* Leben lang Gräben um diesen Sumpf gezogen und nie Weideland daraus gemacht. Aber Weideland hin oder her«, hartnäckig setzte er seinen Fuß wieder auf den Spaten, »ich kann nicht anders, ich muß einfach graben. Denn mein Vater wußte, und ich weiß, daß wenn man nur genügend Gräben zieht, man hier Weideland gewinnen kann.«

Ich verstand. Ich beobachtete die zäh arbeitende Gestalt mit zunehmendem Ärger und Groll. Ich war wütend, weil er hatte, was ich nicht hatte: eine ausdauernde Hartnäckigkeit, eine angefangene Arbeit unter allen Umständen zu beenden, ein unauslöschliches Feuer der Entschlossenheit für die einfachsten und nüchternsten Aufgaben des Lebens. Und plötzlich wurde mein so banales Dilemma immer größer, es wurde verwandelt, bis es als zeitloses Problem aller Sterblichkeit vor mir stand – einerseits der bequeme Rückzug, andererseits der schwierige Schritt nach vorn ohne Aussicht auf Lohn.

Ich stampfte zur Farm zurück, durchnäßt, beschämt und wütend, und fischte das Bündel aus dem Papierkorb. Dann schleuderte ich es auf den Tisch und machte mich mit einer Art hektischer Verzweiflung wieder an die Arbeit. Ich ging vollkommen auf in meiner wilden Entschlossenheit. Ich würde mich nicht geschlagen geben, ich würde nicht aufgeben. Ich schrieb eifriger als je zuvor. Endlich, es war am Ende des dritten Monates, schrieb ich *Ende*. Die Erleichterung, das Gefühl der Befreiung, war unglaublich. Ich hatte Wort gehalten. Ich hatte ein Buch geschrieben. Ob es gut, schlecht oder mittelmäßig war, kümmerte mich nicht.

Ich wählte einen Verleger, indem ich einfach meine Augen schloß und mit einer Nadel einen Namen im Katalog ausstach. Ich schickte das fertige Manuskript ab und vergaß es prompt darauf.

In den Tagen, die folgten, besserte sich mein Gesundheitszustand immer mehr, und das Nichtstun regte mich allmählich auf. Ich wollte wieder arbeiten.

Endlich nahte der Tag meiner Erlösung. Ich ging durch das Dorf, um mich von den einfachen Menschen zu verabschieden, die meine Freunde geworden waren. Als ich das Postbüro betrat, streckte mir der Vorsteher ein Telegramm entgegen – die dringende Einladung, mich mit dem Verleger zu treffen. Ich ging damit schnurstracks zurück und hielt es John Angus wortlos unter die Augen.

Der Roman, den ich weggeworfen hatte, wurde von der Book Society ausgewählt, dramatisiert, als Serie veröffentlicht, in 19 Sprachen übersetzt und von Hollywood gekauft.

Er wurde millionenfach verkauft. Er veränderte mein Leben von Grund auf, mehr als ich mir in meinen wildesten Träumen hätte ausmalen können... und alles nur dank einer Lektion in der Tugend der Ausdauer zur richtigen Zeit.

Aber diese Lektion geht noch tiefer. Heutzutage, wenn Schreie der Niederlage durch die Luft schrillen, wenn die Hälfte unserer von Heimsuchungen geplagten Welt entmutigt heult: »Was hat es denn für einen Sinn... arbeiten... sparen... weiterleben, wo doch der letzte, vernichtende Krieg vor der Tür steht?«, heute bin ich froh, mich an diese Lektion erinnern zu können. Die Tür zur Finsternis und Verzweiflung steht weit offen. Es gibt nur einen Weg, diese Tür zu schließen: weitermachen, was auch immer wir gerade tun, und es dann auch fertigmachen.

Die Tugend jeder Leistung ist, wie mein alter schottischer Bauer genau wußte, der Sieg über sich selbst. Wer diesen Sieg kennt, wird die Niederlage niemals kennenlernen.

A. J. CRONIN

Und, so könnte ich hinzufügen, sie kennen auch das freudige Abenteuer des Lebens.

Da ich weiß, wie sehr Dr. Cronin mit dem christlichen Glauben verwurzelt war, bin ich sicher, daß er in seinem Kampf auch Unterstützung fand durch große Worte, wie sie im fünften Buch Mose zu finden sind, Worte, die Ihnen über die meisten Schwierigkeiten hinweghelfen werden:

»Empfangt Macht und Stärke: Fürchtet euch nicht, und weicht nicht erschreckt zurück, wenn sie angreifen; denn der Herr, dein Gott, zieht mit dir. Er läßt dich nicht fallen und verläßt dich nicht« (5. Buch Mose 31,6).

Was überwunden werden muß, wenn Ihr Leben ein Abenteuer voll Freude sein soll, ist die Angst mit ihren beiden Komponenten der Sorge und der Unruhe. Kürzlich fragte mich ein Arzt, wie oft pro Jahr ich in meinen Predigten und Ansprachen gegen die Angst rede. Wenn er Redner oder Schriftsteller wäre, so fügte er hinzu, würde er wohl die meiste Zeit gegen die Angst kämpfen. »Wenn wir die Häufigkeit von Angst, Sorge und Unruhe senken könnten, hätte ich viel mehr Zeit zum Golfspielen, denn im Grunde genommen ist es die Angst, die meine Praxis tagein und tagaus beinahe aus den Nähten platzen läßt«, meinte er lächelnd.

Dr. Smiley Blanton, zu Lebzeiten ein sehr berühmter Psychiater, sagte: »Sorge ist die große Plage der Zeit.« Aber er fügte hinzu, daß Angstzustände durch gesundes Denken und durch tiefen, festen Glauben überwunden werden könnten. Ich schrieb sogar einmal gemeinsam mit Dr. Blanton ein Buch mit dem Titel *Faith is the Answer* (Glaube ist die Antwort). Unterschätzen Sie also Angst, Sorge und Unruhe nie. Lang anhaltende Sorgen führen dazu, daß das Leben erstickt wird. Und demzufolge kann das Leben nur schwerlich ein freudiges Abenteuer sein, wenn es auf einer Geisteshaltung von Angst aufgebaut ist.

Hier ein paar Aussagen von großen Denkern zum Thema Angst:

> Es gibt vielleicht nichts so Schlimmes und Gefährliches im Leben wie die Angst.
>
> JAWAHARLAL NEHRU

> Angst ist die verheerendste aller menschlichen Emotionen. Der Mensch kennt kein Problem, das so groß wäre wie die lähmende Wirkung der Angst.
>
> PAUL PARKER

> Das einzige, wovor wir Angst haben müssen, ist die Angst selbst.
>
> FRANKLIN D. ROOSEVELT

Angst ist der Sand im Getriebe des Lebens.

E. STANLEY JONES

Sie können erobern, wen immer sie glauben erobern zu können. Der hat im Leben keine einzige Lektion gelernt, der nicht jeden Tag eine Angst überwindet.

RALPH WALDO EMERSON

Angst macht den Wolf viel größer, als er eigentlich ist.

GERMAN ADAGE

Glaube an sich selbst und Glaube an Gott, das sind die Schlüssel zur Beherrschung der Angst.

HAROLD SHERMAN

Und all diesen Weisheiten über die Angst, den wichtigsten Feind eines Lebens voller Freude, möchte ich eine vielleicht noch größere Weisheit anfügen:

»Denn Gott hat uns nicht einen Geist der Verzagtheit gegeben, sondern den Geist der Kraft, der Liebe und der Besonnenheit.« (2. Timotheus 1,7)

Welche Kombination: Kraft – Liebe – Besonnenheit. Wenn Ihr Leben so aufgebaut ist, können Sie getrost auf Erden wandeln. Und Ihr ganzes Leben lang die schönste Zeit Ihres Lebens haben.

Mir gefällt die Einstellung der ›Besonnenheit‹, wie sie Frank Bettger, einer der hervorragendsten Verkäufer Amerikas, in seinem Buch *Lebe begeistert und gewinne* (Übers.: Ernst Steiger) augedrückt hat:

Ich schrieb einen Artikel über das Thema ›Wenn Du Angst hast – gib es zu!‹ für die Zeitschrift ›Your Life‹. Kurz nach dessen Publikation erhielt ich folgenden Brief:

Irgendwo im Pazifik

11. September 1944

Lieber Frank Bettger!

Ich habe soeben einen Artikel von Ihnen in der Septembernummer von ›Your Life‹ gelesen. Der Titel lautet: ›Wenn du Angst hast – gib es zu!‹, und ich habe eben darüber nachgedacht, wie gut dieser Rat ist – gerade für uns Soldaten im Krieg.

Ich habe ähnliche Erfahrungen wie Sie gemacht: Vorträge in den höheren Schulen; Unterredungen mit Arbeitgebern, vor und nachdem ich eine Stelle erhalten hatte; das erste ernsthafte Gespräch mit einer gewissen jungen Dame – und immer wieder litt ich unter der gleichen, unüberwindbaren Angst.

Sie wundern sich wahrscheinlich, weil ich Ihnen von hier aus schreibe, wo ich sicherlich keine öffentlichen Ansprachen halten und auch keine Stelle suchen muß. Trotzdem weiß ich, was Angst ist und wie man darunter leiden kann. Wir Soldaten haben herausgefunden, daß Ihr Ratschlag auch sehr nützlich ist, wenn man einen Angriff erwartet.

Immer wieder haben wir es erlebt, daß diejenigen, die nie ihre Angst zugeben, meistens vor dem Feind versagen. Gibt man jedoch zu, daß man schlottert vor Angst, und gibt man sich gar nicht erst die Mühe, sie zu verbergen, dann ist man meistens auf dem besten Weg, sie zu überwinden.

Und nun mögen Sie meinen Dank für Ihren Artikel entgegennehmen. Ich glaube, daß jedermann, der sich diese Ratschläge zunutze macht, Ihnen ebenfalls dankbar sein wird.

Mit freundlichem Gruß,

Charles Thomson

Sicherlich wurde dieser Brief aus der Feuerlinie unter schwierigen Umständen geschrieben. Und sicher befinden sich auch unter den Lesern viele, die oft schon vor dem Eingang eines Hauses auf und ab gegangen sind und nicht den Mut fanden, einzutreten. Gehören auch Sie dazu? Dann denken Sie daran, daß die Frauen dieser ›großen Männer‹ auch keine Angst haben vor ihnen und daß es für jedermann ein Kompliment ist, wenn man zugibt, wie sehr man vor ihm Respekt hat.

Es ist keine Schande, seine Angst zuzugeben, aber es ist lächerlich, nichts zu tun, um sie zu überwinden. Wenn Sie also je wieder einmal Hemmungen und Angst haben, das Wort an eine oder an hundert Personen zu richten, wenn Sie wiederum gegen die Angst ankämpfen müssen, dann erinnern Sie sich an die einfache Regel:

Wenn du Angst hast – gib es zu!

Ich hielt einst eine Predigt in einer Kirche in London und erzählte der versammelten Gemeinde, wie tiefer innerer Glaube die Angst vertreiben könne. Der britische Industrielle Arthur Rank war ebenfalls anwesend und erkundigte sich nachher, ob ich seinen ›Mittwoch-Sorgen-Club‹ kenne. Ich sagte, ich hätte schon davon gehört, und bat ihn, mir mehr über diese geniale Einrichtung zu verraten.

Lord Arthur wies zunächst darauf hin, das Christentum sei eine vernünftige Lehre, eine die zum Ziel führe, wenn man sie anwende. Deshalb könnten wir die Angst mit erneuernden Methoden überlisten. Als Beispiel erzählte er mir dann, vom Hauseingang führten dreizehn Treppenstufen zu seinem Büro hinauf, und er würde jeden Morgen auf jeder Stufe »ein kleines Gebet sprechen«.

Tagtäglich würden auch irgendwelche Sorgen oder Probleme auftauchen, berichtete er weiter. Anstatt sich aber von ihnen verwirren zu lassen, schreibe er sie auf einen Zettel und lege diesen in eine Schachtel, um sich dann am Mittwoch um 16.00 Uhr damit zu befassen. Jeden Mittwoch pünktlich um vier Uhr nachmittags träfen sich dann die Mitglieder des ›Mittwoch-Sorgen-Clubs‹, und er öffne die Schachtel, nur um jeweils festzustellen, daß sich in der Zwischenzeit praktisch alle Probleme erledigt hätten oder nicht mehr von Bedeutung wären. »In der Tat«, bestätigte er, »komme ich in der Regel zum Schluß, daß rund zweiundneunzig Prozent meiner Sorgen überhaupt nicht eingetreten waren.«

»Und was geschieht dann mit den verbleibenden acht Prozent?« fragte ich.

»Oh!« lachte er, »die lege ich einfach in die Schachtel zurück, um mich am folgenden Mittwoch darum zu kümmern.«

Ralph Waldo Emerson empfand offensichtlich in gleicher Weise:

> So viele Schmerzen hast du schon geheilt, auch Allerschlimmstes überstanden. Doch welche Qualen haben dich ereilt, durch Sorgen, die von selbst verschwanden.

Mein alter Freund Laurence H. Blackburn, für den das Leben immer ein Abenteuer voller Freude war, gibt uns einen guten Rat, wie wir Angst wirksam bekämpfen können:

> Jedermann hat Angst vor irgend etwas, eine Angst, die er zugibt oder verheimlicht. Gewisse Ängste sind ergründet und als universell erkannt worden, genauso wie der Schaden, den sie anrichten. Da ist einmal die Angst vor einer verworrenen Situation, die uns unserer Selbstsicherheit berauben

könnte; es ist doch so bequem, stets den gleichen alten Trott weiterzugehen! Und was, wenn wir nun als der Mensch bloßgestellt werden, der wir wirklich sind? Dann könnte uns Geringschätzung oder Erniedrigung oder Lächerlichkeit erwarten. Einige finden es unerträglich, irgendeine innerliche oder äußerliche Veränderung auch nur in Betracht zu ziehen. Die Angst vor dem Versagen verhindert, daß wir uns gut gerüstet den Prüfungen des Lebens stellen können; die Angst vor Armut hält uns arm; die Angst vor den Menschen hält jene von uns fern, die unsere Freunde wären; die Angst vor dem Sterben erfüllt jede Stunde unseres Lebens mit dem Gespenst des Todes. Füge hier noch unzählige weitere hinzu, so die Angst vor dem Alter, die Angst vor der Dunkelheit – aber auch deine kleinen persönlichen Ängste.

Was sollen wir gegen unsere Ängste tun?

Anstatt sie abzulegen oder zu verbergen oder vor ihnen wegzulaufen, warum sollten wir ihnen nicht begegnen, um zu sehen, was sie denn wirklich sind?

Unmittelbares Handeln wird als bestes Mittel empfohlen. Wenn Sie Ihren Ängsten nach und nach mit Entschlossenheit und Mut entgegentreten, werden Sie feststellen, daß sie immer unbedeutender werden. Am Ende werden Sie sie beherrschen. Sie werden frei sein. Wie weise waren Emersons Worte: »Der hat im Leben keine einzige Lektion gelernt, der nicht jeden Tag eine Angst überwindet.«

Das Heilmittel gegen Angst ist Glaube.

Versuchen Sie es mit großartigen Worten der Bestätigung. Schreiben Sie Zettel, und bringen Sie sie überall an, am Spiegel, in der Küche, auf Ihrem Schreibtisch. Lernen Sie sie auswendig. Wiederholen Sie sie den ganzen Tag über in allen möglichen und unmöglichen Augenblicken. Wiederholen Sie sie, bevor Sie zu Bett gehen. Sie kennen bestimmt selber viele solcher Worte; ich möchte Ihnen aber dennoch einige mit auf den Weg geben. Stellen Sie die Worte Ihrer Wahl zusammen, und setzen Sie sie täglich als Feinde der Angst ein:

»Der Herr ist mein Hirte.« (Psalmen 23,1)

»An dem Tag, da ich mich fürchten muß, setze ich auf dich mein Vertrauen.« (Psalmen 56,4)

»Ich suchte den Herrn, und er hat mich erhört, er hat mich all meinen Ängsten entrissen.« (Psalmen 34,5)

»In der Welt seid ihr in Bedrängnis; aber habt Mut: Ich habe die Welt besiegt.« (Johannes 16,33)

Durch Üben können Sie Ihren Glauben in Gewißheit verwandeln. Legen Sie Ihre Ängste in Gottes Hand – und lassen Sie sie dort! Seine Sorge um uns, die er uns in der Vergangenheit bewiesen hat, gibt uns die Zuversicht, daß er sich auch heute um uns sorgen wird.

Dr. W.R. Maltby beschreibt die Jünger Jesu Christi, die zwar um die harten Wirklichkeiten des Lebens wußten, aber dennoch siegreich die Freude erlangten:

> In der Bergpredigt versprach Jesus seinen Jüngern drei Dinge – sie würden frei von Angst sein, sie würden vollkommen glücklich sein und sie würden in Schwierigkeiten geraten. Sie gerieten in Schwierigkeiten und stellten zu ihrem Erstaunen fest, daß sie keine Angst hatten. Sie waren absolut glücklich, denn sie lachten über ihre eigenen Schwierigkeiten und weinten nur über die der andern Menschen.

Beschließen wir das Thema Angst und Sorge mit zwei Zitaten aus dem weisesten aller Bücher, aus der Bibel:

»Sorgt euch also nicht um morgen; denn der morgige Tag wird für sich selbst sorgen. Jeder Tag hat genug eigene Plage.« (Matthäus 6,34)

»Denn ich bin der Herr, dein Gott, der deine rechte Hand ergreift und der zu dir sagt: Fürchte dich nicht, ich werde dir helfen.« (Jesaja 41,13)

Mit diesen Gedanken als Wegzeichen kann jeder von uns seinen Weg weitergehen und sein Leben zu einem Abenteuer voller Freude machen.

Vielleicht sagt dieses kleine, schlichte Gedicht von Earline Ross Cole alles:

Sorgen

Du brauchst dich nicht zu sorgen
um das, was kommen mag.
Vergiß die Zukunftsängste,
besieg sie Tag um Tag.

Du brauchst dich nicht zu sorgen
um was gewesen wär.
Vertrau dem Himmelsvater,
er bietet dir Gewähr.

Du brauchst dich nicht zu sorgen
um das, was unbekannt.
Vertrau auf Gott, denn er ist's,
der alle Sorgen bannt.

2. KAPITEL

Die Gabe des Lebens

Ich habe mich oft gefragt, weshalb man sich gewisser Schriftsteller, Redner und führender Persönlichkeiten auf ewig erinnert. Wegen ihrer Fähigkeiten, Führungsqualitäten und Leistungen natürlich, doch zu einem wesentlicheren Teil bestimmt auch wegen ihrer grenzenlosen Begeisterung und Freude am Leben und an der Welt.

Moby Dick zum Beispiel ist eine unvergeßliche Geschichte, und Herman Melville, ihr Autor, ist wohl ebenso unvergeßlich. Seine Phantasie schien vor Leben und vor Faszination an der Welt förmlich zu sprühen. Im folgenden Ausschnitt zeigt sich seine außergewöhnliche Fähigkeit, diese Begeisterung in Worte zu fassen:

> Als ich einst während eines Sonnenaufganges, der Himmel und Meer rot färbte, auf dem Ausguck meines Schiffes stand, sah ich eine große Herde von Walen im Osten, die der Sonne entgegenzogen und einen Augenblick lang zitternd ihre Schwanzflossen hochschnellten. Eine so hehre Anbetung der Gottheit wurde, wie mich damals dünkte, niemals, selbst nicht in Persien, der Heimat der Feueranbeter, gesehen. Wie Ptolemäus Philopater vom afrikanischen Elefanten, so habe ich damals vom Wal behauptet, er sei das

frömmste unter allen Tieren. König Juba berichtet, daß die Kriegselefanten im Altertum oft den Morgen schweigend mit hocherhobenem Rüssel begrüßten.

(Übers.: Richard Mummendey)

Feinfühligkeit gegenüber dem Leben in all seinen vielfältigen und unglaublichen Formen ist zu erwarten, besonders wenn Verwunderung und Erstaunen geweckt werden. Feinfühligkeit gegenüber dem wunderbaren Privileg, auf die einfachen Dinge des Lebens einzugehen, ist aber vielleicht ein noch deutlicherer Hinweis auf Freude und Begeisterung.

An einem Märzmorgen wollte ich in einem Motel in einer Stadt im Mittleren Westen das Frühstück einnehmen. Der Speisesaal war sehr gut besucht, und so blieb ich am Eingang stehen, um mich nach einem freien Platz umzusehen. Endlich entdeckte ich an einem Fenster einen Tisch für zwei Personen, an dem bereits ein Mann Platz genommen hatte. Er winkte mir zu und lud mich ein, mich zu ihm zu setzen.

Er war ein sehr angenehmer Tischgenosse und schien mir angesichts dieses düsteren, trübseligen und regnerischen Märzmorgens bemerkenswert fröhlich zu sein. Ein Windstoß klatschte einen Wirbel von Regentropfen an die Fensterscheibe, an der das Wasser in Strömen herunterlief. »Der März macht mir mit seinen ungestümen Winden viel Spaß«, bemerkte er. »Es ist, als ob sie um die Häuser seufzten und geheimnisvoll flüsterten. Und schauen Sie nur die großen Regentropfen an, die wie Diamanten an den kahlen Ästen der Büsche dort drüben hängen.«

Dann beobachtete er den Dampf, der aus unsern Kaffeetassen aufstieg. »Sehen Sie es nicht gern, wenn von einem guten Essen auf einem Tisch Dampf aufsteigt?« fragte er. »Irgendwie erinnert es mich an zu Hause. Nun ja, wie immer auch, es ist doch schön zu leben, und was für ein Tag das werden wird.«

»Mein Freund«, sagte ich, »Sie sind voller Poesie, Romantik, Leben und Begeisterung, und das sehe ich gern in einem Menschen. Aber wie sind Sie so geworden?«

Er erzählte mir, er habe einst einen sehr schweren Autounfall gehabt und wochenlang an der Schwelle zwischen Leben und Tod gestanden. Einmal habe er im Spital von unendlich weit her einen Pfleger sagen hören: »Ich glaube nicht, daß der da durchkommt.« Dann, offenbar Jahre später, habe ein freundlicher Mann in weißem Mantel auf ihn heruntergeschaut und gesagt: »Sie werden leben; sie werden wieder gesund und ganz in Ordnung sein.«

»Sie können sich das herrliche Gefühl des Lebens kaum vorstellen, das mich bei diesen Worten durchlief«, sagte mein Tischgefährte. »Wie ein verurteilter Gefangener erhielt ich Aufschub; die Todesstrafe war aufgehoben. Und seither habe ich ein sehr scharfes und klares Bewußtsein für das Wunder und die Pracht der einfachen Dinge – für den Wind und den Regen, den Dampf und den Sonnenschein.«

Ich saß da wie gebannt von diesem wundervollen Mann, der mich mit neuer Freude und Begeisterung erfüllte für diese herrliche Gabe – die Gabe des Lebens – und für die schöne Welt mit ihren lieben alten, einfachen, alltäglichen Segnungen, die Thomas Curtis Clark mit so viel Feinfühligkeit beschreibt:

Herr, gib mir Freude

O Herr, gib mir Freude an einfachen Dingen,
am Dämmern des Morgens, an des Abends Verklingen.

Am sattgrünen Gras, das glitzert vom Regen,
am nächtlichen Wind, so wild und verwegen.

Am Felde von Gold, das im Frühling kaum endet,
am spärlichen Licht, das der Winter noch spendet.

An der Liebe der Freunde, die treu zu mir stehen,
an innigen Worten, die nicht bloß verwehen.

An fröhlichen Liedern, von Kindern gesungen,
an nüchterner Weisheit, vom Alter errungen.

O Herr, gib mir Freude an Pflichten, die drängen,
an Erinnerungen, die schmerzen und drängen.

Am Wissen, daß mein ist die Liebe des Lebens,
am Glauben, daß Du bist das Ziel meines Strebens.

O Herr, jeder Tag soll die Hoffnung neu bringen,

O Herr, gib mir Freude an einfachen Dingen.

Und Ray Stannard Baker, der seine Werke unter dem Pseudonym David Grayson schrieb, macht diese allem gemeinsame Pracht in den *Great Possessions* noch besser greifbar:

> Gesegnet ist der Mensch, der all die kleinen Dinge genießen kann, die einfachen Schönheiten, die alltäglichen Ereignisse; Sonnenschein auf den Feldern, Vögel auf den Zweigen, Frühstück, Mittag- und Abendessen, die Tageszeitung im Briefkasten, einen Freund, der vorbeikommt. So viele Leute, die um der Freude willen weggehen, vergessen sie bei sich zu Hause.

Das folgende Zitat, das von Ralph Waldo Emerson stammt, erhält jedermann, der in der ›Alan McGirvan Radio Show‹ im australischen Brisbane auftritt. Auch meine Frau und ich bekamen je eines von Alan, als wir einmal Gast in seinem munteren Programm waren:

Oft und von Herzen lachen;
den Respekt kluger Menschen
und die Zuneigung von
Kindern gewinnen;
die Anerkennung ehrlicher Kritiker
verdienen und den Verrat
falscher Freunde erdulden;
Schönheit zu schätzen wissen;

das Beste im Mitmenschen sehen; die Welt
etwas besser machen, sei es durch
ein gesundes Kind, ein hübsches Gartenbeet
oder bessere soziale Bedingungen;

wissen, daß das Leben eines
einzigen Menschen leichter war,
weil du gelebt hast.

Das heißt, erfolgreich zu sein.

Trotz all seiner Nöte, Frustrationen und Probleme ist das Leben doch ein wunderbares Erlebnis.

Ein Teil des Problems im Zusammenhang mit unserer Einstellung zum Leben liegt möglicherweise in unserer Neigung, unsere Augen vor seinen Eigenschaften, das heißt vor den Schönheiten und Aufregungen, zu verschließen. Vielleicht sind unsere Sinne abgestumpft gegenüber den schönen und erregenden Dingen, die uns tagtäglich umgeben, wo immer wir auch sind. Die einfache Fähigkeit, zu hören und die Pracht im Alltag zu sehen, ist wohl von allen unseren Eigenschaften diejenige, die am seltensten benützt wird, aber eigentlich am wichtigsten ist.

Lorado Taft sagt dies sehr treffend:

Wir leben in einer Welt von Schönheit, aber nur wenige von uns öffnen die Augen, um sie zu sehen.

Wie wäre diese Welt so ganz anders, wenn unsere Sinne geübt wären zu sehen und zu hören!

Wir sind die Erben wunderbarer Schätze der Vergangenheit: Schätze der Literatur und der Kunst. Sie gehören uns, umsonst – sie sind für uns zu haben und zu genießen, wenn wir sie nur genügend begehren.

Ich denke oft an den heiligen Franz von Assisi, wenn ich über den Mangel an Feinfühligkeit gegenüber der Schönheit und der Verwunderung einfacher Dinge nachsinne. In seiner Jugend war dieser Heilige ein ziemlich prasserischer und angeberischer Sohn eines wohlhabenden Vaters. Später erst kam er auf den Weg der Bekehrung und wurde so zu einer der liebenswertesten Figuren der Geschichte.

Ich glaube mich an eine Erzählung zu erinnern, die vieles über ihn als Menschen aussagt. Eines Tages soll er zu einem Mönch gesagt haben: »Laß uns auf den Dorfplatz gehen und predigen.« Aber anstatt zu sprechen, streichelte er da einen Hund, half dort einer armen Frau über die Straße, blieb ab und zu stehen, um sich über die Schönheit der Wegpflanze zu äußern. Er unterhielt sich freundlich mit allen Leuten, denen sie auf ihrem Gang um den Dorfplatz begegneten, und dann machten sie sich wieder auf den Heimweg. »Aber, Herr«, sagte der Mönch, »wir kamen doch, um zu predigen.«

»Das haben wir, mein Sohn«, antwortete der Heilige. »Wir gingen hin, liebten die Menschen, die Hunde und das Leben. Das allein war doch schon eine Predigt.«

In der Tat sagt man von Franz von Assisi, er sei so glücklich gewesen, daß er sogar dem Vieh und den Vögeln ›gepredigt‹ habe, daß er ihnen erzählt habe, wie schön das Leben sei und wie sehr Gott sie liebe, genau wie er uns alle auch liebe. Dieses so reine Entzücken am Wunder des Lebens spiegelt sich auch im folgenden Gebet:

O höchster, allmächtiger, guter Gott, unser Herr,
dir sei Preis, Ruhm, Ehre und aller Segen.
  Gepriesen sei Gott, mein Herr, für all seine
Geschöpfe und ganz besonders für die Sonne, die
uns den Tag bringt und die uns das Licht bringt:
sie leuchtet und scheint mit hellem Glanz.
  O Herr, sie tut uns dir kund!
  Gepriesen sei mein Herr für unseren Mond
und für die Sterne, die er so hell und lieblich
ins Firmament gesetzt hat.
  Gepriesen sei mein Herr für den Wind
und für die Luft und die Wolken, für die
Windstille und alles Wetter, mit dem Du das Leben
und alle Geschöpfe erhältst.
  Gepriesen sei mein Herr für das Wasser,
das uns so nützlich ist, so bescheiden und wertvoll
und rein.
  Gepriesen sei mein Herr für das Feuer,
durch das du uns Licht in der Dunkelheit gibst,
und es ist hell und angenehm, und sehr mächtig
und stark.
  Gepriesen sei mein Herr für unsere Mutter Erde,
die uns erhält und bewahrt und die verschiedene
Früchte und bunte Blumen hervorbringt
und Gras.
  Gepriesen sei mein Herr für all jene,
die einander um der Liebe willen vergeben
und die Schwäche und Drangsal leiden:
gesegnet sind, die in Frieden dulden,
denn du, O Höchster, wirst sie krönen.

Gepriesen sei mein Herr für den Tod des Leibes,
dem kein Mensch entfliehet.
Wehe dem, der in Todsünde stirbt.
Gesegnet ist, wer in deinem heiligsten Willen
stirbt, denn der zweite Tod wird keine Kraft
haben, ihm zu schaden.
Preise und lobe den Herrn, und danke ihm,
und diene ihm in großer Demut.

Dieses Wunder des Lebens, das wir in den einfachen Dingen rund um uns wahrnehmen, wird uns in etwas anderem Wunderbarem offenbart, was wir oft als selbstverständlich hinnehmen. Der menschliche Körper, den wir in jedem Augenblick unseres Lebens benützen, ist genauso eines der Wunder dieser Welt, auf das Margaret Applegarth uns aufmerksam macht:

Hier sitzt du nun, zusammengehalten von einem fabelhaften Geflecht geschmeidiger Muskeln und Sehnen und Knorpeln alle bequem verpackt in einer riesigen Hülle, der sogenannten Haut, die ihrerseits buchstäblich aus Milliarden von Zellen besteht, von denen jede einzelne in jeder Sekunde geschäftig ist, sich entspannt, etwas ausscheidet und dann wieder aufbaut.

Doch du nimmst diesen deinen unglaublichen Körper als selbstverständlich hin, es sei denn, etwas stimmt nicht damit.

Selbst der Psalmist bemerkte vor Hunderten von Jahren: »Ich bin so herrlich bereitet, so wunderbar.«

Zu diesem Wunder gehört, daß du so wenig Angst hast. Selten nur erinnerst du deinen Puls: »Um Gottes willen, schlage!« Oder dein Herz: »Hast du gepumpt? Hast du auch gezählt? Wie oft pro Minute? Fünf Liter pro Mal, hoffe ich.

Siebzig Liter in der Stunde, denk daran!« Oder jeden kleinen Blutstropfen: »Machst du auch deine aufregende Reise durch die 270 Kilometer von Kanälen und Blutgefäßen in drei Minuten?« Oder deine Augenlider: »Habt ihr gezwinkert? Und putzen meine Tränenkanäle regelmäßig den Staub von den Pupillen?«

Und dann das Beste: Wie froh mußt du sein, daß dein Schöpfer, anstatt dich unangenehm groß zu machen, um deine zehn bis zwölf Meter langen Därme und Nierengänge unterzubringen, sie fein säuberlich in Schleifen gelegt hat, damit sie in einem Raum von rund dreihundert Kubikzentimetern Platz haben. Es wäre deshalb vielleicht nicht schlecht, zu deinem Gehirn zu sagen: »Denk nach!« Denn dein Körper ist ein Tempel, geschaffen zur Verehrung und Danksagung, und du hast viel, für das du aus tiefstem Herzen dankbar sein mußt jeden Augenblick jedes Tages, den du so unbekümmert um all diese Einzelheiten zu leben wagst.

So können selbst diese Dinge, ja auch Menschen, die lästig sind, und Situationen, die frustrieren und irritieren, in die richtige Perspektive gerückt werden, wenn wir die Schönheit und das Wunder des Lebens und der Welt und Gottes betrachten. Der folgende Vers eines mir unbekannten Dichters drückt dies meiner Meinung nach sehr gut aus:

Gott, es gibt so viele Dinge, die mir arg mißfallen,
  Menschen, die ich nicht ertrage;
aber ungleich viel mehr Dinge möchte ich nicht missen,
  Freunde, ohne die ich zage.
Drum, mein Gott, dich einfach von mir wende,
  wenn du hörst, daß ich laut und zeternd klage.
Tief in meinem Herzen, ganz im Innern meiner Seele
  bin ich dankbar alle Tage. *Amen.*

Da wir an Weisheit zuzunehmen hoffen, während wir auf dem Pfad des Lebens wandeln, stehen uns auch die elementare Philosophie und die Zuversicht gut an, wie Margaret E. Sangster sie zum Ausdruck bringt:

Zum tiefblauen Himmel seh ich heut empor
mit dankbarem Herzen, wie immer zuvor.
Die Sonne vergoldet mit leuchtendem Schein
unendliche Wälder, so licht und so rein.
Der Wind weht so klar, wie's dem Morgen gebührt.
Mein Schöpfer, mein Gott, hat mich hierher geführt.
Wie gern nehme ich seine führende Hand,
vertraue ihm blind, über jeden Verstand;
verweile in ihm durch den Wandel der Zeit,
in ihm, dessen Gnade und Großherzigkeit
die Menschheit in stets neuer Fülle verspürt,
und rufe: »Mein Gott hat mich hierher geführt.«

Diese Philosophie und diese Zuversicht werden uns in Krisenzeiten zustatten kommen. Und Krisen tauchen gern dann auf, wenn man sie am wenigsten erwartet. Um so wichtiger ist es, daß wir diese Zuversicht und dieses Vertrauen rechtzeitig aufbauen:

Er ist bei mir

Wie aus dem Nichts waren Sturmwolken und heftige Windböen über Columbus, Ohio, aufgezogen. Das Radio gab Tornado-Warnungen durch. Es war zu gefährlich, die Kinder der Alpine Elementary School nach Hause zu schicken. Statt dessen brachte man sie in den Keller hinunter, wo sie sich angsterfüllt aneinanderdrängten.

Auch wir Lehrer machten uns unsere Sorgen. Um die gespannte Stimmung etwas aufzulockern, schlug der Direktor vor, wir sollten ein paar Lieder singen. Aber den Stimmen fehlte es an Kraft und Begeisterung. Immer mehr Kinder begannen zu weinen – und wir vermochten sie nicht zu beruhigen.

Doch dann flüsterte eine Lehrerin, deren Glaube offenbar jedem Notfall gewachsen war, dem Kind neben ihr zu: »Vergißt du nicht etwas, Kathie? Es gibt eine Macht, die stärker als der Sturm ist und die uns beschützen wird. Sage dir einfach selber: ›Gott ist jetzt bei mir.‹ Dann sag es dem Mädchen neben dir weiter.«

Das Wort ging von Kind zu Kind weiter, und allmählich verbreitete sich ein Gefühl des Friedens über die ganze Gruppe. Ich hörte den Wind draußen noch gleich wütend toben wie ein paar Augenblicke zuvor, aber das schien nun keine Rolle mehr zu spielen. Hier drinnen wich die Angst, und die Tränen versiegten.

Als das Radio einige Zeit später die Entwarnung durchgab, kehrten Lehrer und Schüler ohne das sonst übliche Gerangel und Geplauder in ihre Schulzimmer zurück.

Nie habe ich über die Jahre hinweg diese beruhigenden Worte vergessen. Wann immer ich unter Streß und Problemen litt, war ich in der Lage, Angst oder Spannungen zu überwinden, indem ich einfach sagte: »Er ist jetzt bei mir.«

PHYLLIS I. MARTIN

Die Natur in ihrer Vielfalt, in ihrer Großartigkeit und idyllischen Reinheit, zeitigt einen gewaltigen Einfluß auf das Leben als Erfahrung von Frieden, Inspiration und Wunder. Viele unserer Begegnungen mit der Natur sind erinnernswert und sogar unvergeßlich. Ich erinnere mich zum Beispiel an eine Reise vor vielen Jahren, die mich ins Chinesische Meer führte. Die See lag sanft, beinahe spiegelglatt vor uns, und –

abgesehen vom leisen Stampfen der Maschinen und vom Rauschen des Kielwassers – glitt das Schiff fast lautlos dahin. Ein feiner Nebel lag über der tiefen Weite, und der Silbermond schickte seine Strahlen durch den dünnen Vorhang. Man kann sagen, das Leben sei eine Reihe solcher perlenähnlicher Erinnerungen, aufgezogen auf den Faden der Jahre.

Eine andere Erinnerung betrifft die Abenddämmerung an einem Aussichtspunkt am Rande des Grand Canyon; die schräg einfallenden Strahlen der untergehenden Sonne verwandelten die roten und goldenen Spitzen und Türme des Canyons rasch in purpurne Schatten, und die Nacht brach über die Wüste herein. Währenddessen erklärte uns der wohl größte Kenner des Grand Canyons, John C. Merriam, den wir zufällig angetroffen hatten, die interessante Geschichte der Entstehung und Weiterentwicklung dieser mächtigen und eindrucksvollen Narbe in der Erdoberfläche.

Eine dritte Erinnerung, welche die Jahre überdauern wird, ist ein gemütlicher Bummel durch die erhabenen Bogengänge von Sherbrooke Forest in Victoria, Australien. Winzig klein neben den uralten, mächtigen Eukalyptusbäumen, die gut sechzig Meter hoch aufragten, wanderten wir in beinahe urzeitlich anmutender Stille dahin. Und dennoch, es war keine vollkommene Stille: Mit der Zeit gewöhnte sich das Ohr nämlich an die Laute des Waldes, in dem die Natur ihren gewohnten Gang nahm. Aber die Lanzen der Sonnenstrahlen, die durch die Bäume herunterstachen, die vereinzelten Wolkenschiffe, die vorüberzogen, der Duft der guten Erde, das Summen der Insekten und die tiefe Gelassenheit hinterließen in mir ein heilsames Andenken an die Wunder der Welt.

Wenn ich mich diesen Erinnerungen hingebe, schweifen meine Gedanken unwillkürlich zu Robert Service ab, zu jenem Dichter, der Alaskas firnbedeckte Berge, den wirbelnden blauen Strom des Yukon und die unendliche Stille der emporstrebenden Gipfel besungen hat. Hier ein paar Zeilen aus seinem herrlichen Gedicht *The Spell of the Yukon* (Der Zauber des Yukon):

Ich stand in dem mächtigen Tale,
  wo Stille mich gänzlich umfing;
ich sah, wie die schwelgende Sonne,
  in Purpur und Gold unterging.
Dann gleißten die Gipfel im Mondlicht,
  die Sterne in endloser Zahl;
ich glaubte bestimmt nur zu träumen,
  im Frieden der Welt noch zumal.

Robert Service liebte das große Nordland des amerikanischen Kontinents über alles. Seine Schönheit bezauberte und erregte ihn; seine zerklüftete Macht inspirierte ihn. Seine Wirkung ließ sich kaum in Worte fassen, aber dennoch gelang es ihm, diese Wunder des Lebens mit seiner prächtigen Sprache einzufangen:

Noch nie war der Sommer so voller Genuß;
  der sonnige Wald ein Gesang;
die Äsche schwimmt fröhlich im glasklaren Fluß;
  das Schaf weidet friedlich am Hang.
Das Leben, entfesselt seit ewiger Zeit,
  der Karibus wildes Revier;
Die Frische, die Freiheit, so unendlich weit –
Gib, Gott, daß ich das nie verlier.

Immer wieder in meinem Leben habe ich Robert Service gelesen und zitiert. Am 20. Februar 1925 kaufte ich in einer Buchhandlung in New York ein Büchlein von William L. Stidger, das den Titel *Giant Hours With Poet Preachers* trug (Gewaltige

Stunden mit dichtenden Predigern), und in diesem Büchlein schloß ich Bekanntschaft mit Robert Service. Ich reiste selbst auch nach Alaska, an den Yukon, und las in sternenhellen Nächten erneut seine eindrücklichen Worte in *The Three Voices* (Die drei Stimmen):

> Die Sterne besingen in endloser Zahl,
> den Schöpfer und Hirten der Herde;
> sie alle besingen den mächtigen Herrn,
> der mit seinen Worten »Es werde«
> die menschliche Seele, den blinkenden Stern
> gefügt hat zur Einheit der Erde.
> Am flackernden Feuer in finsterer Nacht,
> ersehne ich vor allen Dingen
> den Ort, an dem Gott sein Gesetz offenbart.
> Er möge zum Orte mich bringen,
> wo Winde und Wellen in Stille vergehn,
> wo Lieder der Welt mir erklingen.

Und Robert Service liebte auch die einfachen, starken, schönen Dinge, welche die Pracht der Welt, das Wunder des Lebens so markant charakterisieren. Zu ihrem Ruhm schrieb er: »Die einfachen Dinge, die wahren Dinge, die schweigenden Männer, die Dinge tun…« Er war Goldsucher, wie viele andere in jenen heroischen Tagen der amerikanischen Jugend auch. Aber er fand ein Gold, das noch schöner ist als das glänzende Metall. Er fand mit Ruhm durchsetztes Gold:

> Das Gold, es lockt und lockt so sehr;
> es zieht mich an wie früher;
> Doch nicht das Geld ist mein Begehr,
> es finden wohl viel eher.

Es ist das große, weite Land,
der Wälder leises Raunen.
Der tiefe Friede, den ich fand,
erfüllt mich stets mit Staunen.

Der Zauber des Yukon

Trotz aller Schmerzen, Schwierigkeiten und Tragödien der menschlichen Existenz bleibt das Leben – das einfache, gewöhnliche Leben selbst – doch eine wundervolle Sache. So sehr, daß wir mit dem Psalmisten sagen können:

»Lobet den Herrn, aller Völker; preist ihn, alle Nationen! Denn mächtig waltet über uns seine Huld, die Treue des Herrn währt in Ewigkeit. Halleluja!« (Psalmen 117)

Und um es wirklich großartig zu machen, kann ich nur immer wieder allen empfehlen, es mir gleichzutun und jeden Morgen laut diese dynamischen und lebensstimulierenden Worte zu rezitieren:

»Dies ist der Tag, den der Herr gemacht hat; ich will jubeln und mich an ihm freuen.« (Psalmen 118,24)

Nichts von dem, was wir gesagt haben, darf zur Annahme verleiten, das Leben, so schön es auch ist, sei nur eitel Sonnenschein. Nicht wenige Enttäuschungen, Probleme und Sorgen sind darin eingebaut. Aber wer das Leben als Ganzes mit verschiedenen Aspekten betrachtet, wird nicht daran verzweifeln, sondern ihm Glauben und Vertrauen entgegenbringen.

Das Leben kann in der Tat wunderbar und voller Freude und Begeisterung sein, wenn Sie sich selbst und Ihrer Arbeit gegenüber positiv eingestellt sind. Die sehr greifbare und handfeste Philosophie eines früheren Baseball-Spielers fasziniert mich schon seit langem. Sie stammt von Bobby Doerr, dem ehemaligen Star der Boston Red Sox, der auch Mitglied von neun All-Star-Teams war und die World Series bestritt:

Mir scheint, was immer auch ein Mensch glaubt, hängt davon ab, wie er sein Leben lebt. Ich habe einen guten Teil meines Lebens als Baseball-Profi verbracht, und das Spiel von dem ich lebe, ist mir natürlich sehr wichtig. Ich habe auf dem Baseball-Feld viele Dinge über das Leben gelernt, Dinge, die mich zu einem glücklicheren und – so hoffe ich – besseren Menschen gemacht haben. Ich habe herausgefunden, daß es absolut natürlich ist, wenn ich mich nach einem guten, soliden Spiel besser fühle als nach einem glänzenden Spiel, das keine Punkte einbringt und mich nur den Zuschauern gegenüber gut aussehen läßt. Und das gilt eben nicht nur auf dem Baseball-Feld. Für einen Nachbarn, einen Freund oder gar einen Fremden etwas Gutes tun gibt mir viel mehr Befriedigung als etwas tun, was nur mir selber hilft. Es ist, als ob alle Menschen auf dieser Welt meine Mitspieler wären, und Dinge, die mich ihnen näher bringen, sind gut, während Dinge, die mich von ihnen entfernen, schlecht sind.

Eine andere Überzeugung, die mir wirklich am Herzen liegt, ist die, daß ich nur so gut bin, wie dies meine erbrachte Leistung ausweist. Wenn ich nichts bringen kann, bedeuten mein Name und mein Ruf überhaupt nichts. Dies waren meine Gedanken, als ich im Frühjahr 1951 meinem Team mitteilte, ich würde 1952 nicht mehr spielen. Ich war zu diesem Entschluß gekommen, weil ich einsah, daß ich den Menschen, ie mir durch ihren Besuch im Stadion mein Gehalt bezahlten, nicht mehr mein Bestes würde bieten können. Ich kann nicht begreifen, daß es einem Menschen ob unverdientem Erfolg oder Ruhm wohl sein kann. Für mich kommt die Befriedigung über jedes Lob und jeden Verdienst größtenteils vom Gefühl, es sei der Lohn für eine echte Anstrengung meinerseits.

Manch ein Spieler spricht viel von Glück und bildet sich ein, es sei für seine Erfolge und Fehlschläge auf und neben dem Spielfeld verantwortlich. So mancher hat eine Hasenpfote oder einen andern Talisman bei sich, oder er pflegt sein persönliches kleines Ritual, um sicherzustellen, daß die Dinge auch wirklich nach Wunsch verlaufen. Ich bin mit Menschen, die so glauben, nie ausgekommen. Ich habe das Gefühl, daß hinter den Dingen, die mir widerfahren, und hinter der Alternative, ob sie sich zum Guten oder zum Schlechten wenden, etwas viel Tieferes und Wichtigeres steht. Mir scheint, daß viele der Dinge, die viele Leute dem Glück zuschreiben, das Ergebnis göttlichen Beistandes sind.

Ich kann mir keinen allwissenden und allmächtigen Gott vorstellen, der *nicht* an den Dingen interessiert ist, die ich in meinem Leben tue. Und dieser Glaube bewirkt, daß ich immer so handeln will, daß ich die Dinge verdiene, die der Herr für mich tut.

Vielleicht ist das von allen Dingen das wichtigste. Gutes tun, um Gutes zu verdienen. In meinem Leben sind mir viele herrliche Dinge widerfahren. Ich erlebte eine lange, lohnende Laufbahn im organisierten Baseball. Die Fans waren prima zu mir, und ich mochte meine Mitspieler stets. Aber was wirklich zählt, ist die Tatsache, daß ich so ungefähr die beste Familie habe, die man sich nur wünschen kann.

Tun, was ich kann, um meinem Vater und meiner Mutter, meiner Frau und unserem Sohn das Leben lebenswerter zu machen, war eines von den Dingen, die mich stets am meisten gefreut haben, denn es scheint mir ein Weg zu sein, etwas von dem zurückzuzahlen, was ich ihnen für all ihre

Ermutigung und die Freude, die sie mir immer geschenkt haben, schulde.

Ich glaube, am besten kann ich das alles so ausdrücken: ich bin glücklich, da zu sein, und ich möchte auch andere Menschen darüber glücklich machen können.

Um das Wunder des Lebens zu genießen und echte Freude zu erleben, dürfen wir niemals aufgeben, niemals schwanken, sondern wir müssen immer ›mit Weiterfahren weiterfahren‹. Vor vielen Jahren schrieb Frank L. Stanton ein Gedicht mit dem Titel *Mach nur weiter*, und dies tun, bedeutet Freude und Begeisterung aufrecht erhalten:

Ob du Dornen streifst, ob Rosen,
mach nur weiter!
Ob es hagelt oder schneit,
mach nur weiter!
Es ist sinnlos, still zu weinen,
wenn der Fisch nicht beißen will;
gib ihm einen neuen Köder –
mach nur weiter!

Ist die Ernte ganz vernichtet,
mach nur weiter!
Kämpfst du hart um den Erfolg,
mach nur weiter!
Hast du keinen roten Heller,
bankrott sein ist kein Schmach;
Sag der Welt, du fühlst dich prima –
Mach nur weiter!

Wenn es scheint, das Ende nahe,
mach nur weiter!

Pick dir die Rosinen raus,
mach nur weiter!
Sieh die Vögel frei im Fluge,
hör, die Glocken läuten süß;
Ist ums Singen dir, so singe –
Mach nur weiter!

Die erstaunliche Kraft im Menschen, trotz aller Katastrophen weiterzumachen, zeigt die Lebensgeschichte von Elena Zelayeta in aller Deutlichkeit. Ich war zum Nachtessen in ihrem Heim in San Francisco eingeladen, und es war ein herrlicher Abend. Das Essen allein hätte den Abend schon denkwürdig gemacht, doch es war in erster Linie die sprühende Persönlichkeit der Gastgeberin, welche den Abend so denkwürdig machte.

Jeder der zahlreichen Gänge des typisch mexikanischen Festmahls war ein Meisterwerk, und beim Servieren verriet uns Elena jeweils alles Wissenswerte über Geschichte und Zubereitung. Als Expertin hatte sie alles selbst zubereitet, und Elena ist blind.

Diese erstaunliche Frau besaß einst ein schönes und sehr gutgehendes Restaurant in San Francisco. Als sie eines Tages allein zu Hause saß, läutete das Telefon. Elena ertastete sich den Hörer und vernahm eine Stimme, die sagte: »Ihr Mann hat leider einen schweren Unfall gehabt, und ich muß Ihnen mitteilen, daß er tot ist.«

Blind, und nun plötzlich auch noch ohne ihren Mann. In der Dunkelheit kämpfend, streckte sie die Hand nach der Hilfe des allmächtigen Gottes aus. Sie erzählte mir, eines Tages habe sie in dieser Finsternis das Gefühl gehabt, eine große Hand fasse nach ihrer Hand und hebe sie empor. Sie begann ein wunderbares Leben zu leben. Sie reiste an der Westküste auf und ab, hielt überall Vorträge, demonstrierte ihre Kochkünste, kochte allein mit Geschmacks-, Geruchs- und Tastsinn. »Schließlich«, meint Elena, »darum geht es ja beim Kochen. Man braucht doch nichts zu sehen.«

An jenem Abend fragte ich Elena: »Was ist Ihr Geheimnis?«

Ihre Antwort war unbezahlbar: »Immer so handeln, als ob das Unmögliche möglich wäre.«

Vor Jahren fand ich ein Büchlein von William Danforth mit dem Titel *I dare you* (Ich fordere dich heraus). Als Danforth ein kleiner Junge war, war er offenbar bei sehr schlechter Gesundheit, und man nahm allgemein an, er würde nicht lange leben, nicht lange durchhalten können. Die Geschichte, wie er einen starken positiven Glauben entwickelt und ein langes Leben gewonnen hat, hinterließ in mir einen tiefen Eindruck.

Eines Tages nahm ein Lehrer, der seinen Zöglingen immer wieder eindringliche Vorträge über die Gesundheit hielt, den jungen Danforth zur Seite und sagte: »Ich fordere dich heraus, der gesündeste Junge in dieser Klasse zu werden.« Nun war damals praktisch jeder Junge seiner Klasse ein wahrer Hüne im Vergleich zu Will. Aber der Lehrer blieb hart: »Ich fordere dich heraus, diese Erkältungen und Fieber aus deinem Körper zu vertreiben. Ich fordere dich heraus, deinen Körper mit frischer Luft, reinem Wasser, gesundem Essen und täglichem Sport zu behandeln, bis deine Wangen rot, dein Brustkorb entwickelt und deine Glieder kräftig sind. Ich fordere dich heraus, der gesündeste Junge in der Klasse zu werden.«

Will Danforth nahm die Herausforderung an, und er entwickelte sich zu einem prächtigen, robusten Menschen. Siebzig Jahre später fragte ich ihn in der Halle des Jefferson Hotels in Saint Louis, wo wir uns verabredet hatten: »Mr. Danforth, was taten Sie eigentlich, um so stark zu werden?« Und er war so begeistert, daß er trotz seines hohen Alters daran ging, mir dort in der Halle all jene Übungen vorzuführen; und er bestand sogar darauf, daß auch ich dabei mitmachte!

Bald waren wir von zwei Dutzend Zuschauern umringt, und Danforth sagte zu ihnen: »Jedermann kann stark sein.« Und sie glaubten ihm. Und ich glaube ihm. Er erzählte mir, er habe all seine Klassenkameraden überlebt. Wagen Sie es, stark zu sein! Und entschließen Sie sich, immer weiterzumachen!

Mr. Danforth berichtet auch von einem Vertreter namens Henry. Dieser kam eines Morgens zu ihm und sagte: »Mr. Danforth, ich habe genug. Ich kann nie Vertreter sein. Ich habe die Nerven dazu nicht. Ich habe die Fähigkeit dazu nicht. Sie sollten mir das Geld nicht zahlen, das ich bekomme. Ich fühle mich schuldig, wenn ich es annehme. Ich kündige jetzt.«

Danforth schaute ihn an und erwiderte: »Ich weigere mich, Ihre Kündigung anzunehmen. Ich fordere Sie heraus, Henry, jetzt hinauszugehen und heute das größte Geschäft abzuschließen, das Sie jemals gemacht haben. *Ich fordere Sie heraus.*«

Er schreibt, er habe plötzlich die Kampflust in den Augen des Mannes aufblitzen sehen – den gleichen Blitz der Entschlossenheit, der auch durch ihn gefahren war, als sein Lehrer ihn herausgefordert hatte, stark und gesund zu werden. Der Vertreter drehte sich einfach um und ging hinaus. Am Abend kam er zurück und legte zum Beweis dafür, daß er wirklich das beste Geschäft seines Lebens gemacht hatte, ein ganzes Bündel von Aufträgen auf Mr. Danforth's Schreibtisch. Und diese Erfahrung machte aus ihm für das ganze Leben einen neuen Menschen. Er übertraf seinen Rekord in den folgenden Jahren noch viele Male. Positiver Glaube kann immer dafür sorgen, daß Sie voller Freude und Begeisterung weitermachen und das Leben von seiner besten Seite erleben.

Und letztlich, wenn wir schon davon sprechen, daß das Leben wunderbar ist, möchte ich einfach noch sagen, daß ich auch der Ansicht bin, die Menschen seien wunderbar. Ich fragte einst Art Linkletter nach dem Geheimnis seines Glücks, denn er ist ein wahrhaft glücklicher Mann. Seine Antwort lautete: »Interesse und Neugier.« Er erklärte: »Will Rogers sagt, er habe nie einen Menschen getroffen, den er nicht gern gehabt habe. Ich habe nie einen Menschen getroffen, der mich nicht interessiert hätte.« Und Thornton Wilder stimmt dem in seinem Schauspiel *Unsere kleine Stadt* zu:

> Und jetzt werde ich Ihnen einiges sagen, das Sie wahrscheinlich schon wissen... Es gibt *etwas*, das ewig ist. Und das sind nicht die Häuser und nicht die Namen, das ist nicht die Erde, und das sind nicht einmal die Sterne... ein jeder spürt es in seinen Knochen, daß *etwas* ewig ist, und dieses Etwas hat mit den Menschen zu tun. Die Größten aller Zeiten haben uns das seit fünftausend Jahren erzählt, und doch vergessen es die Leute immer wieder. Etwas gibt es da tief im Innern eines jeden Menschen, das unsterblich ist.
>
> (Übers.: Hans Sahl)

3. KAPITEL

Mehr Kraft für Sie

»Mehr Kraft für Sie«, grüßte mich ein Mann, der rein zufällig in einem Flughafen an mir vorbeiging, ein Gruß, den man in den USA nicht selten hört. Aus irgendeinem Grund blieb er mir damals aber im Gedächtnis haften, und ich dachte lange darüber nach, was für eine Bedeutung dieser Satz für mich haben könnte. Daß wir mehr Kraft brauchen, ist offensichtlich: Kraft, die Arbeit zu tun, weiterzumachen, den Schwierigkeiten zu trotzen und sie zu überwinden. Ohne diese Kraft kann das Leben ziemlich trübe und entmutigend sein. Mit der inneren Kraft von Geist und Seele kann es sich aber zum Gegenteil wandeln. Das Leben wird dann einen siegreichen Verlauf nehmen und damit auch Freude und Begeisterung hervorbringen.

Ich erinnere mich sehr gut an eines der ersten Male, wo ich den Zusammenhang zwischen Kraft und Freude und Begeisterung erlebt habe. Ich war damals ein junger Pfarrer in Brooklyn, New York, und wurde gebeten, an einer Festveranstaltung am Memorial Day im Prospect Park ein paar Worte zu sprechen. Und so hatte ich eben ein kurzes Gebet vorbereitet. Als ich auf dem Rednerpult vor das Mikrofon trat, schaute ich auf eine Menge von vielleicht fünfzig- bis sechzigtausend Menschen hinunter. Da fiel mein Blick auf das gedruckte Programm, das mir zu meiner Überraschung verriet, daß ich nicht nur eine Anbetung sprechen, sondern eine ganze Predigt halten würde. Sofort überkamen mich Angst und ein starkes negatives Gefühl, daß ich diesen Anforderungen auf gar keinen Fall würde genügen können. Ich hatte mich nur auf ein kurzes Gebet vorbereitet, nicht auf eine Predigt vor einer so großen Menschenmenge. Nervös wandte ich mich an den Chef des Organisationskomitees, Brigadegeneral Theodore Roosevelt, jr., den Sohn von Präsident ›Teddy‹ Roosevelt, und machte ihn zaghaft auf den Fehler aufmerksam. Er schaute mich prüfend an. »Sie *sind* doch Pfarrer, nicht wahr?« Ich nickte.

»Was ist denn, mein Sohn? Sie haben doch sicher keine Angst.« Er wies auf einen Teil des Parks, der für die Mütter im Dienst gefallener Männer und Frauen reserviert war. »Ich weiß, daß Sie als Vertreter Gottes diesen traurigen und trauernden Müttern etwas zu sagen haben. Sie können es. Mehr Kraft für Sie.«

Die Art, in der er zu mir sprach, und sein aufmunternder Stoß vor die Brust lösten in mir etwas aus, und während das Programm ablief, bereitete ich eine Predigt eigens zum Trost und zur Stärkung dieser Mütter vor. Als ich nachher wieder Platz nahm, meinte General Roosevelt: »Nun, was habe ich gesagt? Sie haben es geschafft. Sie hatten die Kraft.« Ich wußte zwar sehr gut, daß ich es nur knapp geschafft hatte, aber plötzlich erfüllte mich ein tiefes Glücksgefühl, und neue Begeisterung, an Menschen heranzukommen und ihnen zu helfen, wallte in mir auf. Und, das brauche ich wohl kaum zu erwähnen, ich liebte General Roosevelt bis zu jenem Tag, an dem er am Strande der Normandie sein Leben verlor.

Kraft ist vorhanden, um schwierigen Situationen zu begegnen. Und diese Kraft hat uns unser Schöpfer mitgegeben. Sie wartet in uns darauf, freigesetzt zu werden, und sie kann uns über viele Krisen hinweghelfen. Diese Tatsache sollte uns mit Freude erfüllen und in uns grenzenlose Begeisterung auslösen.

Eines der größten geistigen Prinzipien kommt im Satz »Gehen lassen und Gott lassen« zum Ausdruck. Er ist die elementare, die wahre Kraft. Das Prinzip ist, alles in Sachen Nachdenken, Studieren, Diskutieren und Beten zu tun, was man tun kann. Und dann, wie Paulus sagt: »...alles vollbringen und... bestehen...« (Epheser 6,13). Wenn Sie alles getan haben, was Sie nach menschlichem Ermessen tun können, was mehr können Sie dann noch tun? Dann ist es klug, Gott die Dinge übernehmen zu lassen. Vertrauen Sie darauf, daß er die Lage in den Griff bekommt, denn er hat das notwendige Wissen, und da er an Ihnen als seinem Kind zutiefst interessiert ist, wird er ein für Sie gutes Ergebnis bewirken. Und es wird bestimmt ein gutes Ergebnis sein, denn er selbst ist gut und tut alle Dinge richtig und gut.

Einer der größten geistigen Schriftstellerinnen der letzten hundert Jahre war eine sehr fromme und begabte Frau namens Hannah Whitall Smith, deren Buch *The Christian's Secret of a Happy Life* zu den Klassikern gehört. Ein Teil des Buches befaßt sich auch mit dem Rat, Ihre Lasten dem Herrn zu überlassen:

> Ich kannte eine Christin, die eine sehr schwere Last trug. Sie raubte ihr den Schlaf und den Appetit, und es bestand die Gefahr, daß ihre Gesundheit der Belastung nicht standhalten würde. Eines Tages, als es besonders schwer war, bemerkte sie auf dem Tisch neben sich ein kleines Büchlein mit dem Titel *Hannahs Glaube.* Vom Titel angezogen, nahm sie es auf und begann darin zu lesen, ohne zu wissen, daß es eine Revolution in ihren bisherigen Erfahrungen auslösen sollte. Die Geschichte handelte von einer armen Frau, die im

Triumph durch ein Leben voller ungewöhnlicher Sorgen getragen wurde. Sie erzählte einmal einem Besucher die Geschichte ihres Lebens, und als sie geendet hatte, sagte der Besucher voller Mitgefühl: »Oh, Hannah, ich begreife nicht, wie du soviel Sorge hast ertragen können!« – »Ich habe sie nicht ertragen«, kam rasch die Antwort. »Der Herr hat sie für mich getragen.« – »Ja«, erwiderte der Besucher, »so ist es richtig. Wir müssen unsere Sorgen dem Herrn bringen.« – »Ja«, bestätigte Hannah, »aber wir müssen mehr tun als das: wir müssen sie auch ihm *überlassen*. Die meisten Menschen«, fuhr sie fort, »bringen ihre Sorgen vor den Herrn, aber sie nehmen sie auch wieder mit und sind nachher genauso besorgt und unglücklich wie zuvor. Ich aber bringe sie vor den Herrn und lasse sie dort, gehe wieder weg und vergesse sie. Wenn die Sorgen wieder auftauchen, bringe ich sie wieder vor den Herrn; und dies tue ich immer und immer wieder, bis ich schließlich vergesse, daß ich überhaupt Sorgen habe, und wieder vollkommen ruhig bin.«

Meine Freundin war von diesem Plan sehr beeindruckt und beschloß, ihn auszuprobieren. Die Umstände ihres Lebens konnte sie nicht ändern, aber sie brachte sie vor den Herrn und überließ sie seiner Obhut; und dann glaubte sie, daß er sie übernahm, und sie überließ ihm all ihre Verantwortung, ihr Sorgen und Bangen. Wann immer auch die Sorgen wieder auftauchten, brachte sie sie zurück, und die Folge war, daß trotz unveränderter Umstände ihre Seele mitten drin tiefste Ruhe bewahrte. Sie hatte den Eindruck, ein praktisches Geheimnis entdeckt zu haben; und von da an suchte sie nie mehr, ihre Lasten selber zu tragen oder mit ihren eigenen Angelegenheiten fertigzuwerden, sondern sie gab sie, so schnell sie auftauchten, dem göttlichen Bürdenträger weiter.

Dieses Geheimnis, das sie in ihrem äußeren Leben als so

nützlich und wirksam empfunden hatte, erwies sich als noch weit nützlicher in ihrem inneren Leben, welches in Wahrheit je länger je mehr nicht mehr beherrschbar war. Sie gab sich ganz dem Herrn hin, mit allem, was sie war und was sie hatte, und im Glauben, daß er nehme, was sie ihm gegeben habe, hörte sie auf, sich zu kümmern und zu sorgen, und ihr Leben wurde in dem Glück, ihm zu gehören, zu eitel Sonnenschein. Es war ein sehr einfaches Geheimnis, das sie entdeckt hatte, nämlich nur, daß es möglich war, Gottes Gebot in den folgenden Worten zu gehorchen: »Sorgt euch um nichts, sondern bringt in jeder Lage betend und flehend eure Bitten mit Dank vor Gott«, und daß daraufhin unweigerlich die Verheißung in Erfüllung gehen würde: »Der Friede Gottes, der alles Verstehen übersteigt, wird eure Herzen und eure Gedanken in der Gemeinschaft mit Christus Jesus bewahren.«

Und wenn dieser tiefe Friede Gottes, der alles Verstehen übersteigt, in uns einkehrt, dann haben wir in der Tat große Freude und Begeisterung.

Die Wirkung des Glaubens, angewandt auf die Probleme des Lebens, ist erstaunlich, ja geradezu überwältigend, in ihrer Kraft. In einer Zeitungskolumne über interessante Phänomene las ich von einem Professor, der ein verblüffendes Experiment vorzuführen pflegte. Alles, was er dazu benötigte, waren ein Holzbrett, ein großer Nagel, eine Flasche und ein kleines Stück Carborundum. Er ergriff die Flasche mit seiner rechten Hand – es war eine große, dicke, schwere Flasche, eine der dicksten und schwersten Flaschen, die es gibt – und benützte sie als Hammer. Mit wenigen kräftigen Schlägen trieb er mit der Flasche den Nagel ins Brett. Dabei ging die Flasche aber nicht kaputt, sie nahm nicht den geringsten Schaden – so stark war sie. Dann nahm der Professor ein kleines Stück Carborundum – Carborundum ist einer der härtesten Stoffe, die es gibt – und ließ es in die Flasche fallen, die prompt in tausend Stücke zersprang. Es war nicht die Größe oder die Menge, sondern einzig die Beschaffenheit, die es ausmachte.

So ist es mit den Problemen und Schwierigkeiten des Lebens. Angenommen, Sie gehen mit all Ihrer Kraft und Gewalt, mit Ihrem ganzen Einsatz, mit aller Widerstandsfähigkeit, derer Sie fähig sind, gegen Ihre Schwierigkeiten vor, aber es ist vergeblich. Nehmen Sie dann eine senfkorngroße Prise Glauben, und geben Sie sie mit Zuversicht in Ihr Problem. Das Problem wird in tausend Stücke zerspringen und all seine Bestandteile preisgeben, die Sie nun nur noch zu einer Lösung zusammenzusetzen brauchen.

Glaube dieser innersten Art, der über rein verstandesmäßige Zustimmung hinausgeht, erzeugt Freude und Begeisterung, die durch keine Widerwärtigkeit und kein Problem je gemindert werden kann. Der ehemalige Gouverneur von New Jersey, Charles Edison, erzählte mir vom nicht unterzukriegenden, unbeugsamen Geist seines Vaters, des berühmten Erfinders Thomas A. Edison.

In der Nacht vom 9. auf den 10. Dezember 1914 wurden die großen Edison-Industrien in West Orange buchstäblich ein Raub der Flammen. In jener Nacht verlor Thomas Edison zwei Millionen Dollar und einen großen Teil seines Lebenswerkes. Versichert war er nur für 238000 Dollar, weil die Gebäude aus Beton waren, der damals als unbrennbar galt.

Charles Edison war damals vierundzwanzig, sein Vater siebenundsechzig Jahre alt. Der junge Mann war außer sich und irrte auf der Suche nach seinem Vater hin und her. Schließlich fand er ihn in der Nähe des Feuers, sein Gesicht vom Feuerschein gerötet, sein weißes Haar vom Dezemberwind zerzaust.

»Sein Anblick brach mir beinahe das Herz«, erzählte mir Charles Edison. »Immerhin war er siebenundsechzig – durchaus kein junger Mann mehr – und alles ging in Flammen auf. Als er mich entdeckte, rief er: ›Charles, wo ist deine Mutter?‹ – ›Ich weiß nicht, Dad‹, sagte ich. ›Suche sie‹, bat er mich. ›Bring sie hierher. Sie wird niemals mehr so etwas wie das hier sehen, so lange sie lebt.‹«

Am nächsten Morgen sagte Thomas Edison, als er durch die rauchenden Trümmer all seiner Hoffnungen und Träume ging: »In der Katastrophe liegt ein großer Wert. Alle unsere Fehler sind verbrannt. Gott sei Dank, daß wir neu beginnen können.«

Und drei Wochen nach der Feuersbrunst lieferte seine Firma den ersten Phonographen. Das ist die Geschichte eines Mannes, der den unvermeidlichen Risiken des menschlichen Lebens mit Stärke, Mut und Glauben entgegentrat. Er wußte, daß die siebenundsechzig Jahre nichts waren, daß der Verlust an Geld nichts bedeutete, weil er immer wieder aufbauen konnte.

An dieser Stelle pflegt normalerweise jemand einzuwerfen: »Aber Thomas A. Edison war ein sehr ungewöhnlicher Mann. Er konnte die Dinge so hinnehmen. Ich könnte es nicht.«

Ja, Edison war ein ungewöhnlicher Mann. Aber ich habe viele Menschen gesehen, die in gleicher Art ungewöhnlich waren; Menschen, die in den Widerwärtigkeiten, die jedem Menschen begegnen, richtig dachten, richtig handelten und den richtigen Glauben hatten. Durch Glauben können Sie alles besiegen, was diese Welt Ihnen antun kann. Die Bibel verspricht dies: »In der Welt seid ihr in Bedrängnis; aber habt Mut: ich habe die Welt besiegt« (Johannes 16,33). Und auch Sie können es, wenn Sie positiven Glaubens sind.

Lassen Sie sich durch nichts niederschmettern, egal wie schwierig, düster und hart, wie hoffnungslos es scheinen mag, wie niedergeschlagen Sie auch sind. Welches immer auch die Umstände sein mögen, lassen Sie sich nicht unterkriegen. Es ist stets Hilfe und Hoffnung für Sie da.

In der Schweiz nahm ich einmal mit Freunden im berühmten Restaurant *Chesa Veglia* in Sankt Moritz das Abendessen ein. Dieses Haus ist rund vierhundert Jahre alt. In der Schweiz und in einigen Teilen Deutschlands ist es üblich, Sprüche in die Innenwände solcher Häuser einzuschnitzen. Und einige der ganz alten Chalets haben auch auf den Außenwänden solche Sinnsprüche eingeschnitzt oder aufgemalt. Im Speisesaal der *Chesa Veglia* las ich folgenden Spruch:

> Immer wenn du denkst, es geht nicht mehr,
> kommt von irgendwo ein Lichtlein her.

Diese Weisheit ist rund vierhundert Jahre alt. Wenn Sie glauben, alles sei hoffnungslos, vergessen Sie nicht, daß von irgendwo ein kleiner Lichtstrahl kommt.

Wo ist dieses ›irgendwo‹? In Ihrem eigenen Geiste natürlich. Es scheint Ihnen vielleicht hoffnungslos – aber der allmächtige Gott ist in Ihnen, und mit ihm ist nichts hoffnungslos.

Ein großer Dichter hat geschrieben: »Ewig schlägt die Hoffnung in des Menschen Brust.« Wann immer Sie glauben, die Dinge wüchsen Ihnen über den Kopf, denken Sie daran, daß da von irgendwoher ein kleiner Hoffnungsschimmer kommt. Und er kommt von Gott, von dem es heißt: »Für Menschen ist das unmöglich, für Gott aber ist alles möglich« (Matthäus 19,26). Und Jesus sagte auch: »Seid gewiß: Ich bin bei euch alle Tage bis zum Ende der Welt« (Matthäus 28,20). Also, wenn Finsternis über Ihren Geist gekommen ist, öffnen Sie ihn und lassen Sie diesen kleinen Lichtstrahl ein, der von irgendwo kommt.

Als Edison vor dieser Flammenhölle stand, war er offenbar jener Mensch, den Joseph Addison sich vorstellte, als er die folgenden Zeilen schrieb:

> Die großen Zutaten zum Glück in diesem Leben sind: etwas zu tun, etwas zu lieben und etwas zu hoffen zu haben.

Glück und Begeisterung haben insofern etwas Merkwürdiges an sich, als sie selbst inmitten größter Schwierigkeiten und Probleme existieren, gedeihen und überwiegen können. Diesen Gedanken hat William George Jordan so formuliert:

> Glück ist das größte Paradoxon der Natur. Es kann in jedem Boden wachsen, unter allen Bedingungen leben. Es trotzt seiner Umwelt. Es kommt von innen heraus; es ist die Enthüllung der Tiefen des inneren Lebens, so wie Licht und Hitze von der Sonne zeugen, von der sie ausgehen. Glück heißt nicht Haben, sondern Sein; nicht Besitzen, sondern Genießen. Es ist die warme Glut eines Herzens, das mit sich zufrieden ist. Ein Märtyrer auf dem Scheiterhaufen kann ein Glück besitzen, um das ihn ein König auf dem Thron beneiden möchte. Der Mensch ist der Schmied seines eigenen Glücks; es ist der Duft seines Lebens, das im Einklang mit hohen Idealen gelebt wird. In bezug auf das, was ein Mensch *besitzt,* ist er vielleicht von andern abhängig; was er aber *ist,* dafür ist er allein verantwortlich. Was er im Leben *bekommt,* ist nur Erwerb; was er *erzielt,* ist Größe. Glück ist die Freude der Seele am Besitz des Immateriellen. Vollkommenes, immerwährendes Glück im Leben ist für den Menschen unmöglich. Es würde die Erfüllung von Kenntnissen, das persönliche Bewußtsein eines vollkommen erfüllten Schicksals bedeuten. Glück ist paradox, weil es neben Anfechtung, Kummer und Armut existieren kann. Es ist die

Fröhlichkeit des Herzens, die sich über alle Bedingungen erhebt. Der Mensch könnte alle materiellen Güter der Welt besitzen und dennoch nicht glücklich sein, denn Glück ist die Befriedigung der Seele, nicht des Geistes oder des Körpers.

Ich denke da an einen kräftigen Mann mittleren Alters, dem ein Bein abgenommen werden mußte. Aber er nahm es getrost auf sich und führte bald wieder ein aktives Leben. Zehn Jahre später mußte auch das andere Bein amputiert werden. Ich wollte ihn im Spital besuchen und bat die diensthabende Krankenschwester, mir zu sagen, in welchem Zimmer Mr. Weiss liege.

»Ah, Mr. Weiss«, sagte sie. »Dieser Mann ist das Leben dieses Spitals. Er ist der fröhlichste und begeistertste Patient, den wir je hatten. Wir haben ihn einfach alle gern hier.«

Und dann erzählte sie mir eine Geschichte, die sich ein paar Tage vor meinem Besuch zugetragen hatte: Ein Betrunkener betrat in völlig benebeltem Zustand mit einem riesigen Blumenstrauß das Spital und bat, seinen Freund sehen zu dürfen. Die Schwestern wollten ihn nicht noch mehr aufregen und ließen ihn durch die ganze Station gehen, doch er konnte seinen Freund nicht finden. Schließlich sagte er: »Nun gut, mein Freund ist nicht hier. Ich gebe meine Blumen jemand anderem. Ich werde meine Blumen dem glücklichsten Menschen in dieser Abteilung schenken. Ich muß durch die Zimmer und mir alle Patienten anschauen.« Und so machte er seine Runde und starrte jedem Patienten ins Gesicht. Schon bald sagte er: »Einen so traurigen Haufen von Menschen habe ich noch nie gesehen.«

Aber dann kam er zu Mr. Weiss. Und trotz aller Alkoholschwaden nahm sein Geist wohl etwas wahr, denn er sagte: »Sie sind ein glücklicher Mensch. Das kann ich sagen. Hier sind die Blumen. Sie sind mein Freund.«

Als ich dann mit jenem Mann sprach, der nun beide Beine verloren hatte, sagte ich: »Man sagt, Sie seien der glücklichste und begeistertste Mann hier in diesem ganzen Spital. Woher nehmen Sie all Ihr Glück und Ihre Begeisterung? Weihen Sie mich in Ihr Geheimnis ein.«

Er wies auf das kleine Tischchen neben dem Bett. Darauf lag eine Bibel: »Wenn ich mich nicht so gut fühle, lese ich einige dieser wundervollen Worte. Dann wird mein Herz leicht, und das Leben scheint gut.« Sein Geheimnis war, daß er wohl etwas vom Schwierigsten gelernt hatte, was man im Leben lernen kann, etwas, was nur durch Einfachheit und Glaube gelernt werden kann. Er hatte gelernt, Gott die Hand zu geben und ihm zu vertrauen. »...wohl dem, der auf ihn vertraut« (Sprüche 16,20). Wer Vertrauen in Gottes Voraussicht hat, besitzt eine innere Reserve an gelassener Heiterkeit, auch wenn das Leben den harten Weg geht.

Als ich ging, schüttelte ich meinem Freund die Hand: »Mehr Kraft für Sie.«

Mit eisenhartem Händedruck und einem breiten Lächeln erwiderte er: »Danke gleichfalls –, und wir beide wissen, woher diese Kraft kommt, nicht wahr?«

Hier ein Gedanke von Charles Dickens, der uns dazu anregen mag, Freude und Begeisterung zu entwickeln:

> Fröhlichkeit und Zufriedenheit sind großartige Verschönerer und berühmte Bewahrer jugendlichen Aussehens.

Der weise David Grayson erwähnt eine andere Quelle der Freude, auf die hinzuweisen nicht unterlassen werden darf:

> Lebensfreude scheint mir aus dem Gefühl zu erwachsen, daß man dort ist, wo man hingehört... Alle unzufriedenen Leute, die ich kenne, versuchen eifrig etwas zu sein, was sie nicht sind, etwas zu tun, was sie nicht tun können...

Zufriedenheit, ja sogar Nützlichkeit, entsteht als unweigerliche Folge großer Einwilligungen, großer Bescheidenheiten... indem wir nicht versuchen, uns zu dem oder jenem zu machen (um irgendeiner dramatisierten Form unser selbst zu entsprechen), sondern indem wir uns der Fülle des Lebens hingeben – uns vom Leben durchströmen lassen.

Und die Bibel erinnert uns an einen sehr einfachen Weg, Freude zu finden:

»Die Frucht des Geistes aber ist Liebe, Freude, Friede, Langmut, Freundlichkeit, Güte, Treue, Sanftmut und Selbstbeherrschung...« (Galater 5,22–23)

Und wenn wir Freude und Begeisterung in unserem Denken entwickeln, besitzen wir eine Kraft, die größer ist als alles, was die Welt uns antun kann. Der Beweis dafür ist dieses frühchristliche Zeugnis, das in Margaret Applegarths Buch *Heirlooms* zitiert wird:

PLINIUS: Ich werde dich verbannen.

CHRIST: Das kannst du nicht, denn die ganze Welt ist meines Vaters Haus.

PLINIUS: Ich werde dich töten.

CHRIST: Das kannst du nicht, denn mein Leben ist mit Christus in Gott bewahrt.

PLINIUS: Ich werde dir deine Schätze wegnehmen.

CHRIST: Das kannst du nicht, denn mein Schatz ist im Himmel.

PLINIUS: Ich werde dich von den Menschen wegjagen, und du wirst keine Freunde mehr haben.

CHRIST: Das kannst du nicht, denn ich habe einen Freund, von dem du mich nie trennen kannst.

Henry Wadsworth Longfellow dachte wohl an einen Menschen wie diesen, als er die folgenden Zeilen schrieb:

> Kein Mensch außer einem fügt Schmerzen dir zu,
> du selber bist dein größter Feind;
> vor andern ist sicher, wer Selbstachtung hat:
> *den* Panzer kein Mensch je durchdringt.

Menschen wie diese hatten Glauben, jene Art von Glauben, die Kräfte freisetzt. Sie glaubten – glaubten von ganzem Herzen –, und sie bekamen Kraft, und mit ihr oft die Heilung, wie die folgende Geschichte von Frank Kostyu beweist:

> Eines Tages sahen sich ein Dichter und ein Künstler ein Bild des großen französischen Malers Poussin an, das die Heilung der beiden Blinden in Jericho darstellt. Der Künstler sagte:
>
> »Was ist für Sie das Bemerkenswerteste an diesem Bild?«
>
> »Nun«, erwiderte der Poet, »alles ist hervorragend gemalt, die Gestalt Christi, die Gruppe der Menschen hier, der Ausdruck ihrer Gesichter.«
>
> »Aber schauen Sie«, sagte der Künstler und deutete auf die Treppe eines Hauses in einer Ecke des Bildes. »Sehen Sie den Gehstock, der da liegt?«
>
> »Ja, und was hat es damit auf sich?«
>
> »Tja«, antwortete der Künstler, »auf jener Treppe saß der blinde Mann mit dem Stock in der Hand, aber als er Christus kommen hörte, war er so sicher, geheilt zu werden, daß er den Stock liegen ließ und zu Christus trat, als ob er bereits wieder sehen könnte.«
>
> Der Herr verlangte nur eins von denen, die ihn um Heilung baten, und das war Glaube. Er verstand die Hindernisse, die den heilenden Einfluß davon abhielten, im kranken Körper oder in der kranken Seele zu wirken. Und

so betonte er immer und immer wieder die Frage des Glaubens. Er war eine grundsätzliche Vorbedingung, um geheilt zu werden.

Freude ist eigentlich ein Katalysator für den Glauben. Sie befreit den Geist und lockert die Muskeln. Sie versetzt uns in Rhythmus. Ein wirklich von Freude erfüllter Mensch schwingt ebenso in Gottes Rhythmus wie die Himmelskörper in seinen rhythmischen Abläufen.

Ihr inneres System mit dem Blut, dem Herzen und den Organen stellt einen Rhythmus dar. Und Rhythmus ist ein anderes Wort für Harmonie, und Harmonie ist ein anderes Wort für Freude. Wenn Sie also voller Freude sind, sind Sie auch im Rhythmus.

Dies trifft auch auf große Athleten zu. In seinem Buch *The American Diamond*, dem Klassiker über Baseball, erklärt Branch Rickey, Honus Wagner sei der größte Zwischenspieler (shortstop) in der Geschichte dieser Sportart gewesen. Rickey erinnert sich, wie Wagners ganzer Körper in einem derart perfekten Rhythmus reagierte, daß er Bälle auf beiden Seiten förmlich aus der Luft herunterholte, sie erwischte, wo immer sie auch hinflogen. Und es heißt, der Grund für sein vielseitiges Talent sei nur der gewesen, daß er ein glücklicher Mensch war. Deshalb, wegen dieser Freude, war er in Harmonie und im Rhythmus.

Ich kannte einst einen Tennislehrer, der bei diesem Spiel immer großen Wert auf Freude und Harmonie legte. Jedesmal, wenn er einen verkrampften, ungeschmeidigen Schüler hatte, ließ er ihn während des Spielens singen.

Einmal unterrichtete er ein Mädchen, in dem ein großes Talent steckte, in dessen Spiel aber trotz aller technischen Perfektion kein harmonischer Fluß war. Da fragte er das Mädchen, ob es den Walzer ›An der schönen blauen Donau‹

kenne. »Wenn wir nun Tennis spielen«, sagte er, »will ich, daß du deine Schläge auf den Rhythmus des Donauwalzers abstimmst.«

Das Mädchen summte den Walzer vor sich hin, und seine Schläge nahmen an Rhythmus und Symmetrie zu. Nach dem Spiel sagte es mit rot glänzendem Gesicht: »Ich habe die Freude und Spannung dieses Spiels nie zuvor gespürt. Zum ersten Mal in meinem Leben habe ich das Gefühl, daß ich es beherrschen kann.« Und genau so bringen Freude und Begeisterung Rhythmus in das Spiel des Lebens, damit wir es ebenfalls beherrschen können.

Ich möchte ausdrücklich darauf hinweisen, daß stets im Leben Freude und Begeisterung mit Schmerz, Leiden, Enttäuschung und anderen Problemen einhergehen. Freude und Begeisterung aber bleiben, weil wir durch den Glauben an Gott Kraft haben, alles durchzustehen und zu überwinden. Annie Johnson Flint philosophiert sehr realistisch:

Was Gott versprochen hat

Gott hat nicht versprochen,
der Himmel sei stets blau,
die Wege seien ein Leben lang
mit Blumen übersät.
Gott hat nicht versprochen,
nur Sonnenschein ohne Regen,
nur Freude ohne Kümmernis,
nur Frieden ohne Schmerz.
Doch Gott hat uns versprochen,
die Kraft für den Tag,
Erholung nach der Arbeit,
das Licht auf den Weg,
Vergebung für die Sünde,

das tägliche Brot,
Erlösung von dem Bösen
und Liebe, die nie endet.

Und Jesaja sagt uns in seinem zeitlosen Vers 40,31, wie wir immer weitermachen mit der Kraft und der Freude und der Begeisterung und dem Sieg:

»Die aber, die dem Herrn vertrauen, schöpfen neue Kraft, sie bekommen Flügel wie Adler. Sie laufen und werden nicht müde, sie gehen und werden nicht matt.«

Rufus M. Jones, ein Quäker und großer geistiger Führer, war einer der besinnlichsten Männer unserer Zeit. Er hatte Freude und Leid erlebt. Und er besaß geistige Kräfte in hohem Maße. Dem großen Denker haben wir eine tiefschürfende Einsicht zu verdanken:

> Der wirkliche Prüfstein eines glücklichen Lebens heißt sehen, wieviel Schmerz, Verlust und Frustration es erdulden und verarbeiten kann, ohne daß die Freude dabei verlorengeht.

Das Leben ist auf viele Arten beschrieben worden, als Reise, als Spiel, als Kampf, als Abenteuer. Aber nennen Sie es, wie Sie wollen, wer lebt, braucht Kraft. Und diese Kraft, die im Geiste arbeitet, wird ihm den Sieg verleihen.

Dieses Buch will Ihnen helfen, das Leben zu erfassen und es in seiner Fülle kennenzulernen. Was gäbe es für eine bessere Art, dies zu verdeutlichen, als mit einem Gedanken des großen William Shakespeare, des Meisters der Einsicht in die menschliche Natur?

Es gibt *Gezeiten* in der Menschen Treiben:
Nützt man die Flut, so trägt sie uns zum Glück;
Versäumt man sie, so stockt die Lebensreise
Auf seichten Sandbänken und führt ins Unglück.
Wir treiben nun auf solcher hohen See,
Und nützen wir nicht rechtzeitig die Strömung,
So kentert unser Schiff.

(Übers.: Erich Fried)

Mehr Kraft für Sie. Dieser Satz steht als Überschrift über mancher Lebensgeschichte. Vor einigen Jahren bekam ich einen rührenden Brief von einer Frau, die mir vom Gehenlernen erzählte, als man annahm, sie würde überhaupt nie gehen können. Als ich zum letzten Mal von ihr hörte, war sie über achtzig Jahre alt und immer noch stark von dem gleichen positiven Glauben durchdrungen, den sie in ihrem ersten Brief beschrieben hatte:

> Ich bin eine kleine alte Frau, Ende Sechzig, und ich möchte Ihnen und allen, die ohne Glauben sind, erzählen, daß man mit der Kraft des Glaubens Wunder wirken kann. Es tut mir leid, ich habe keine besondere Schulbildung und kann nicht so gut schreiben, aber ich möchte versuchen, Ihnen vom ersten großen Problem meines Lebens zu berichten und wie ich die Kraft des Glaubens nutzte.
>
> Ich kam mit einer Fehlstellung beider Hüften zur Welt, und die Ärzte sagten, ich würde nie gehen können, aber als ich größer wurde und andere gehen sah, sagte ich zu mir: »Bitte, Gott, hilf mir. Ich weiß, daß du mich liebst.« Ich war sechs Jahre alt, und ich war untröstlich, und so versuchte ich eines Tages zwischen zwei Stühlen aufzustehen, und fiel hin, aber ich gab nicht auf. Jeden Tag redete ich zu Gott und versuchte es wieder und wieder, bis ich mich ein paar Sekunden

lang halten konnte, und ich kann Ihnen die Freude in meinem Herzen nicht beschreiben, auf meinen Füßen stehen zu können. Ich schrie zu Mama: »Ich stehe! Ich kann gehen!«

Da fiel ich wieder hin. Ich werde nie die Freude meiner Eltern vergessen, und als ich es wieder versuchte, reichte mir meine Mutter das Ende eines Besenstiels, während sie das andere Ende hielt, und sagte: »Mach einen Schritt mit dem einen, dann mit dem anderen Fuß«, und so half mir mein Glaube, meinen Entengang zu gehen, so nennen ihn die Ärzte, aber ich bin so riesig dankbar seit damals.

Vor drei Jahren hatte ich einen Unfall und brach meinen linken Knöchel und war im Spital, und sie röntgten meine Beine. Und dann kamen die Ärzte zu mir und fragten, gute Frau, wie haben Sie denn überhaupt gehen können? Und ich sagte, Gott sei mein Arzt gewesen, und sie sagten, es sei ein Wunder, Sie haben keine Gelenkpfanne und kein Gelenk an der Hüfte, und wie sind Sie aufgestanden? Und die Erinnerungen kamen zurück, und ich habe 60 Jahre gewartet, um herauszufinden, daß ich keine Gelenkpfanne und kein Gelenk hatte.

Dann befürchteten die Ärzte, daß ich nach dem Unfall und dem gebrochenen Knöchel in meinem Alter nicht mehr würde gehen können, aber Gott kam mir wieder zu Hilfe, und zur Überraschung aller gehe ich wieder und mache immer noch meine Arbeit, indem ich für die vier Kinder einer verwitweten Mutter sorge, während sie bei der Arbeit ist. Ich bin auch Witwe und mußte hart arbeiten, um meine Kinder durchzubringen. Mein Mann starb 1919 an der Grippe. Ich hatte zwei kleine Mädchen, und zwei Monate später kam ein Junge zur Welt. Ich schrubbte 17 Jahre lang Fußböden auf meinen Knien und war nie krank in meinem Leben und weiß nicht, was Kopfschmerzen sind.

Eine andere Geschichte, der vorhergehenden nicht unähnlich und doch verschieden von ihr insofern, als sie eher eine geistige als eine physische Heilung beschreibt, hat mich immer fasziniert, da sie für mich eine bemerkenswerte Art zeigt, wie Gott sich menschlicher Probleme annimmt.

Es ist ein Ausschnitt aus den Erlebnissen eines Mannes, der Zeitungsredakteur wurde. Er war französisch-kanadischer Abstammung und war in Kanada aufgewachsen. Er kam mit einem defekten rechten Bein zur Welt; es war zu kurz, ungenügend entwickelt und konnte nicht belastet werden, weshalb es von frühester Kindheit an geschient werden mußte.

Als er ein kleiner Junge war, störte ihn dies nicht allzu sehr, doch als er heranwuchs, begann er zu erkennen, daß er mit einem unbrauchbaren Bein nicht konkurrenzfähig war. Er konnte nicht laufen, Sport treiben oder auf Bäume klettern wie die anderen Jungen. Und so gelangte er allmählich zur Überzeugung, wenn er keine Bäume erklettern könne, könne er auch die Leiter des Lebens nicht erklimmen. Er begann ein sehr stark ausgeprägtes Gefühl des Andersseins zu entwickeln – ein Gefühl der Eingeschränktheit, der Minderwertigkeit. Und dieses elende Gefühl bohrte sich immer tiefer in seine Gedanken hinein, er begann zu grübeln, wurde deprimiert und bekam Angst vor sich selbst.

Sein Vater sagte zu ihm: »Mein Sohn, mach dir keine Sorgen um dein Bein.« Und er erzählte ihm, in der Kathedrale läge ein Riesenhaufen von Krücken und Schienen von Leuten, die mit Krankheiten und Gebrechen hingegangen und geheilt worden seien. Und er versprach: »Eines Tages, wenn ich das Gefühl habe, du seist reif genug, um glauben zu können, werde ich mit dir in die Kathedrale gehen. Dann werden wir beten und den Herrn bitten, dich soweit zu heilen, daß du deine Schiene auf dem Altar zurücklassen kannst.« Der Junge war tief beeindruckt.

Der große Tag kam. Im besten Sonntagsanzug betraten Vater und Sohn die große Kathedrale. Die Sonne flutete durch die hohen Glasfenster herein. Leise Orgelmusik schwebte durch Haupt- und Seitenschiffe. Der kleine Junge sah sich staunend um. Vor dem Altar sagte sein Vater: »Mein Sohn, knie nieder, bete, und bitte den Herrn, dich zu heilen.«

Der Junge betete mit aller Inbrunst, er betete voller Glauben und bat den Herrn, ihn zu heilen. Ein Gefühl des Friedens durchzog ihn. Dann hob er seine Augen und blickte seinen Vater an. Er hatte seinen Vater immer geliebt und sein Gesicht so oft gesehen.

»Aber immer«, erzählte er später, »werde ich mich dieser überirdischen Schönheit erinnern, die in jenem Augenblick auf dem Gesicht meines Vaters lag. Da waren Tränen in seinen Augen, und es schimmerte der freudige, begeisterte Glaube des wahren Gläubigen durch.«

Tief bewegt stand der Junge auf. Aber als er an sich herunterblickte, war da immer noch sein verkrüppeltes Bein, genauso wie zuvor. Sehr niedergeschlagen und verzweifelt ging er mit seinem Vater durch das Kirchenschiff zurück, und die alte Schiene klapperte wie eh und je. Doch dann, als sie sich der mächtigen Tür der Kathedrale näherten, geschah etwas Unglaubliches:

»Ich fühlte etwas ungeheuer Warmes in meinem Herzen. Es war mir, als ob ich etwas fühlte, etwas wie eine große Hand, die über meinen Kopf fuhr. Ich kann bis heute die Sanftheit und Bestimmtheit dieser Berührung zugleich fühlen. Plötzlich war ich grenzenlos glücklich. Ich rief: ›Vater, du hast recht! Ich bin geheilt! Ich bin geheilt!‹

So jung ich noch war, ich wußte doch, was geschehen war. Gott hatte nicht die Schienen von meinem Bein entfernt, sondern er hatte die Schiene von meinem Geist weggenommen.«

Von da an hatte das verkrüppelte Bein keine Kraft mehr, den Jungen zur Verzweiflung zu bringen. Er nahm an Glauben und Vertrauen zu und schlug eine hervorragende Laufbahn ein, wobei ihn die Kraft auf dem ganzen Weg begleitete.

4. KAPITEL

Glaube und erfolgreiches Leben

Gelegentlich werde ich gefragt, welche Bücher mir in meinem Leben am meisten bedeutet haben, und ich könnte natürlich viele aufzählen. Für den Augenblick möchte ich aber nur eines nennen. Es enthält ein Kapitel zum Thema Begeisterung, das ich seit Jahren immer und immer wieder gelesen habe. Das Buch heißt *Lebe begeistert und gewinne* und ist von Frank Bettger, den ich in diesem Buch schon einmal erwähnt habe. Ich bin zwar nicht Verkäufer, habe aus besagtem Kapitel aber doch eine wichtige Wahrheit über das Leben im allgemeinen gelernt. Am liebsten würde ich es hier vollumfänglich wiedergeben, muß aber aus Platzgründen darauf verzichten. Aber lassen Sie mich Ihnen in meinen eigenen Worten das lebenswichtige Prinzip vermitteln, welches Frank Bettger lehrt, denn meiner Ansicht nach ist es für ein erfolgreiches Leben einfach unentbehrlich.

Bettger war Baseball-Profi bei einer Mannschaft einer unbedeutenden Regionalliga, und obwohl er technisch ein guter Spieler war, wurde er wegen seiner Faulheit entlassen. »Es ist, als ob dein Herz nicht mitspielen würde, Frank«, erklärte ihm der Manager. »Es tut mir leid, daß ich dich wegschicken muß, aber du bist einfach nicht lebhaft genug.«

Danach kam Bettger bei einem anderen Club ebenfalls in

der Regionalliga unter, wo er seine traurige Vorstellung wiederholte. Ein alter Spieler, der den jungen Mann gut leiden mochte und seine Möglichkeiten erkannte, riet ihm: »Frank, du mußt mehr Begeisterung an den Tag legen, wenn du im Baseball auf einen grünen Zweig kommen willst.«

»Aber ich bin nun halt nicht begeistert«, klagte Frank verzweifelt, »ich bin einfach nicht so. Man kann nicht in eine Apotheke gehen und eine Flasche Begeisterung kaufen. Wenn man keine Begeisterung hat, hat man eben keine.«

»Ah, aber da liegst du vollkommen falsch, Frank. Man kann begeistert werden, indem man begeistert handelt. Wir werden so, wie wir handeln.«

(Der ältere Spieler wußte wohl kaum, daß das, was er dem jungen Mann da beibrachte, eigentlich das berühmte ›Als-ob‹-Prinzip von William James war, das ebenfalls schon erwähnt worden ist. James sagt, wenn man ängstlich sei, könne man seine Gedanken zu Mut umerziehen, indem man bewußt so handle, *als ob* man Mut hätte. Und es war der gleiche Professor James, der auch sagte, der Mensch könne sein Leben ändern, indem er seine Einstellung ändere.)

»Also beginne von vorn, in einem neuen Club, und setze dich vom ersten Tag an so ein, als ob du dich vor Begeisterung kaum mehr halten könntest.« Bettger unterzeichnete einen Vertrag bei New Haven. An seinem ersten Spieltag stieg das Thermometer auf über 30 Grad, aber Frank schlug den Ball mit solcher Kraft, daß er in den Händen der Mitspieler beinahe Brandwunden verursachte. Er schlug auf alle Bälle los und hatte prompt dreimal Erfolg; er lief wie ein Irrwisch von Mal zu Mal. Am nächsten Tag bezeichneten ihn die Schlagzeilen in den Zeitungen als ›Pep‹ Bettger, den ›Motor‹ der Mannschaft. Kurze Zeit später fiel er einem ›Spion‹ der St. Louis Cardinals wegen seines begeisterten Einsatzes auf und wurde als zweiter Schlagmann in die oberste Liga der USA geholt. Später brachte er das gleiche ›Als-ob‹-Prinzip der Begeisterung auch im Versicherungsgeschäft zur Anwendung und arbeitete sich zum wohl besten und bekanntesten Verkäufer im ganzen Land empor.

Selbst wenn Sie sich also müde und niedergeschlagen, ja sogar krank fühlen, konzentrieren Sie Ihre Gedanken auf die Energie, und handeln Sie begeistert, bis Ihr Unterbewußtsein diese neue Einstellung übernimmt. Ihre Muskeln werden dementsprechend reagieren. Ihr Leben wird sich in verblüffender Weise erneuern, wenn Sie sich an das ›Als-ob‹-Prinzip halten und es immer wieder anwenden.

Unter den vielen lebenswichtigen Wahrheiten, die die Bibel verkündet, findet sich auch die folgende: »Denn in ihm leben wir, bewegen wir uns und sind wir...« (Apostelgeschichte 17,28). Vielleicht können wir es so ausdrücken: *In ihm leben wir, in ihm sind wir voller Energie, und in ihm wird unser Dasein erst vollkommen.* Klingt doch nach Begeisterung, nicht wahr? Nehemiah 8,10 drückt das sehr schön aus:

»...denn die Freude am Herrn ist eure Stärke.«

Bringen Sie in Ihrem eigenen Leben die Freude am Herrn zum Ausdruck – *zeigen Sie sie in Ihrem Leben, in Ihrem Sprechen, in Ihrem Denken, in Ihrem Sein.*

Einer unserer großen amerikanischen Gründerväter, Patrick Henry, dessen glühende Begeisterung für die Freiheit den amerikanischen Unabhängigkeitskrieg (1775–1783) mit auslöste, war ein kluger und besonnener Mann, der wußte, wieviel besser das Christentum das Leben eines jeden Menschen macht. In seinem Testament schrieb er:

> Ich habe nun all mein Eigentum meiner Familie vermacht. Da ist aber noch etwas, was ich ihnen gern schenken möchte, und das ist die christliche Religion. Wenn sie diese

hätten und ich hätte ihnen keinen Schilling gegeben, wären sie dennoch reich geworden; und hätten sie sie nicht, hätte ich ihnen aber alle Welt gegeben, sie würden arm sein.

Zweifellos dachte Patrick Henry an vieles, als er den Wunsch äußerte, seinen Erben die christliche Religion zu hinterlassen. Er wollte, daß sie sich Gott und der göttlichen Führung bewußt waren und daß sie Jesus Christus als ihren Retter akzeptierten. Aufgrund seines Lebens und seiner Laufbahn bin ich sicher, daß er die Kraft des Glaubens kannte und auch schätzte. Er wollte, daß sie auch im Leben seiner Lieben walte, wie dies auch die folgenden Bibelverse ausdrücken:

»Wenn du kannst? Alles kann, wer glaubt.« (Markus 9,23)

»Alles, worum ihr betet und bittet – glaubt nur, daß ihr es schon erhalten habt, dann wird es euch zuteil.«
(Markus 11,24)

»Wenn jemand zu diesem Berg sagt: Heb dich empor, und stürz dich ins Meer!, und wenn er in seinem Herzen nicht zweifelt, sondern glaubt, daß geschieht, was er sagt, dann wird es geschehen.« (Markus 11,23)

»Sei nur mutig und stark, und achte genau darauf, daß du ganz nach der Weisung handelst, die mein Knecht Mose dir gegeben hat. Über dieses Gesetzbuch sollst du Tag und Nacht nachsinnen, damit du darauf achtest, genau so zu handeln, wie darin geschrieben steht. Dann wirst du auf deinem Weg Glück und Erfolg haben. Hab keine Angst, denn der Herr, dein Gott, ist mit dir bei allem, was du unternimmst.« (Josua 1,7–9, gekürzt)

»...Wenn euer Glaube auch nur so groß ist wie ein Senfkorn... Nichts wird euch unmöglich sein.« (Matthäus 17,20)

Dale Evans Rogers, der bei Millionen beliebte Entertainer und Schriftsteller, weist darauf hin, daß Glaube das Leben erfolgreich machen kann. Aber, und das ist noch wichtiger, er kann das Leben reichhaltig machen:

> Wir eilen so schnell durch das Leben, daß wir nicht einmal mehr wissen, daß es die Blumen gibt.
>
> Aber das muß nicht so sein. Es liegt in Ihrer Entscheidung, es anders zu tun, einen andern Weg zu gehen. Dies ist *Ihr* Leben. Wählen Sie noch heute...
>
> Nun werden wir früher oder später in unserem Leben, wie der Mann auf der Straße nach Jericho, entdecken, daß uns Räuber auflauern, um uns die Chance wegzunehmen, *wirklich* zu leben. Da sind gute Werte und schlechte Werte, die an unser Geld und/oder an unser Leben wollen; da ist Gott, und da ist der Teufel, und wir werden am Ende mit dem einen oder andern reisen. Das können Sie nicht verhindern: Sie werden zwischen den beiden wählen müssen. Gott kann und wird es nicht für Sie tun. Er gibt Ihnen Ihre Jahre, Ihren Lebenshauch; Sie können sie entweder für oder gegen ihn einsetzen.
>
> Seit ich Gott kennengelernt habe und seinen Weg gehe, sind die Lasten und Versuchungen, die mein Leben zuvor so leer gemacht haben, vollkommen verschwunden. Seine Kraft macht mein Leben reich, nicht nur erfolgreich. Er würde für Sie das gleiche tun.

Aber Glaube kann noch mehr. Er kann einem Menschen die verlorene Schönheit zurückgeben und die verfehlte oder mißbrauchte Qualität seines Naturells und seiner Persönlichkeit wiederherstellen. Eine solche Veränderung in seinem Leben erfuhr auch ein Mann, der eines meiner Bücher gelesen hatte. Er war sehr unglücklich, stets und immer mutlos, sein

Denken war zynisch, negativ, düster. So ging er mehrere Jahre durch sein Leben. Dann sah ich ihn eine Weile nicht mehr. Plötzlich schrieb er mir einen zehn Seiten langen Brief. Ich ließ ihn einige Zeit auf meinem Schreibtisch liegen, bevor ich ihn las, so gewichtig und schwer sah er aus. Als ich ihn dann nach langem Zögern öffnete, war ich überrascht. Dies war das frohe und zufriedene Zeugnis eines Mannes, der endlich sich selbst gefunden hatte und mir nun erzählte, wie glücklich er war. Was war geschehen? Der Mann hatte für sich einen Fünf-Punkte-Plan entwickelt, der ihn aus seinem negativen und unglücklichen Dasein herausgeführt hatte:

›Erstens‹, so schrieb er, »bete ich fünfundzwanzig Mal am Tag.« Wenn jemand fünfundzwanzigmal am Tag betet, wird sich die Bahn seiner Gedanken und damit auch sein Leben ändern.

Zweitens »durchtränkte er seine Gedanken« mit Bibelworten und stellte sich vor, sie würden ins Innerste seines Bewußtseins eindringen.

Drittens: Er setzt sich hin und schreibt möglichst viele gute Gedanken über die Leute auf, die er kennt. Er meint, dies sei der härteste Teil des ganzen Prozesses gewesen. Aber wenn man schlechte Gedanken über Menschen denkt, bleibt immer ein Rest von Unglücklichsein zurück.

Viertens sagt er dem Herrn mehrmals am Tag, wie sehr er ihn liebt.

Fünftens versucht er, alle Sünden aus seinem Leben fernzuhalten.

Dieses geistige Fünf-Punkte-Programm aktivierte die Kraft des Glaubens, um aus diesem Mann einen Menschen von echter Freude und Begeisterung zu machen. Er bewege sich in seinem neuen Leben Stufe um Stufe nach oben, schrieb er in seinem Brief, und er hoffe, schließlich die oberste Stufe des Lebens zu erreichen.

Die Erfahrungen dieses Mannes erinnerten mich an eine weise Einsicht von Pierre Teilhard de Chardin, die aussagt, die allerhöchste Stufe des Glücks sei es, sich in einen höheren Zustand zu versetzen:

> Glück hat in sich selbst weder Existenz noch Wert als Objekt, das wir als solches erstreben und erreichen können. Es ist nicht mehr als das Zeichen, die Wirkung, der Lohn (so könnten wir sagen) für eine richtig gezielte Handlung: ein Nebenprodukt der Anstrengung, wie Aldous Huxley irgendwo sagt. Der moderne Hedonismus ist demzufolge falsch, wenn er behauptet, eine Art Erneuerung unserer selbst, gleichgültig, welche Form sie auch annehme, sei alles, was es zum Glück braucht. Dazu ist etwas mehr notwendig, denn keine Veränderung bringt Glück, es sei denn, der Weg, auf dem sie bewirkt wird, beinhalte einen *Aufstieg.*
>
> Glücklich ist deshalb jener Mensch, der, ohne jedes mittelbare Suchen nach Glück, unausweichlich das Glück gleichermaßen als Zugabe findet, indem ervorwärts drängt und die Fülle und Finalität seiner selbst erreicht.

Glaube ist natürlich mehr als rein intellektuelles Glauben an Gott. Es ist eine Nähe zu Gott, eine so nahe Nähe, daß seine liebende und aufmerksame Fürsorge in Zeiten von Kummer oder Krise oder Gefahr erlebt werden kann. Und dies in einem solchen Maße, daß es bedeuten würde, eine offensichtliche Realität zu verleugnen, wenn man eine solche Fürsorge als reinen Zufall bezeichnete.

Dies zeigt sich in bemerkenswerter Weise in einem Ereignis, das sich im Zweiten Weltkrieg anläßlich der japanischen Invasion in der zentralchinesischen Provinz Honan abspielte. Die Japaner marschierten gegen die Stadt Shenqiu vor, waren ihr schon auf zwei oder drei Tagesmärsche nahegerückt. Der chinesische Oberst kam zur Mission geeilt und riet der Gattin des Pfarrers zur Flucht, denn er habe Befehl erhalten, die Stadt nicht gegen die Japaner zu verteidigen. Der Pfarrer, der seine Schützlinge auch medizinisch betreute, war selber krank und lag in einem Spital 185 Kilometer von Shenqiu entfernt. Er würde frühestens in einem Monat zurückkehren. Seine Frau war mit einem zwei Monate alten Mädchen und einem zweijährigen Sohn allein in der Station zurückgeblieben.

Nun setzte ein wahrer Exodus ein. Die Kirchenältesten kamen und luden die Frau des Missionars ein, mit ihnen in ihre Dörfer zu gehen. Die Menschen waren sehr nett und meinten es gut. Aber die Frau hatte ihre beiden Kinder, und sie wußte, daß die Dörfer dieser Leute verwurmt und verseucht waren. Kinder von Europäern waren dagegen nicht immun. Schon zu viele Kinder von Missionaren, die in Dörfern leben mußten, waren gestorben. Also blieb sie in der Stadt zurück, eine Amerikanerin mit ihren zwei kleinen Kindern. Und schließlich kam auch der Pförtner, ihr letzter Schutz, und sagte, er müsse jetzt gehen. Nun war sie allein, dem kalten Januar und dem näherrückenden Feind ausgeliefert.

Sie ging in die Küche, um eine Flasche für ihr Baby zu bereiten. Sie zitterte so sehr vor Angst, daß die Flasche ihren Händen beinahe entglitt. Dann sah sie über dem Spültrog ihren Kalender mit den Bibeltexten. Es war der 16. Januar 1941, und unter dem Datum las sie die Worte von Psalm 56,3: »An dem Tag, da ich mich fürchten muß, setze ich auf dich mein Vertrauen.« Sie war erstaunt, aber merkwürdigerweise getröstet. Die ganze Nacht über hielt sie ihre beiden Kleinen eng an sich gedrückt, um sie warmzuhalten. Sie lag wach, hörte, wie der Wind mit den papierenen Fensterscheiben in den Bambusrahmen sein Spiel trieb, und betete zu Gott, der, wann immer sie Angst hätte, sicher bei ihr wäre. Es war schon Mittag, als sie daran dachte, das nächste Blatt von ihrem Kalender abzureißen. Der elfte Vers des neunten Psalms lautete: »Darum vertraut dir, wer deinen Namen kennt; denn du, Herr, verläßt keinen, der dich sucht.« Als sie den Kopf zum Gebet senkte, dankte sie Gott für diese Worte in jenem Augenblick.

Als der folgende Morgen anbrach, fiel ihr mit Schrecken ein, daß nichts mehr zu essen da war. Alle Geschäfte waren leer oder geschlossen, denn vom Land kam kein Nachschub mehr herein. Alles, was sie noch hatte, waren die Ziegen, aber sie wußte nicht, wie man Ziegen melkt. Wiederum packte sie die Angst. Wie sollte sie ihre Kinder ernähren? Sie riß das Blatt vom 17. Januar ab und – ob Sie es glauben wollen oder nicht –, unter dem Datum des 18. Januar standen die Worte: »Ich will für euch und eure Kinder sorgen« (1. Buch Mose 50,21). Und nun fragte sich auch diese moderne und im neuen Denken geschulte Frau: »Ist dies nur ein Zufall?«

Dann pochte es an die Tür. Es war ihre alte Nachbarin, Frau Lee, eine kleine Chinesin. »Wir wußten, daß Sie Hunger haben würden und daß Sie die Ziegen nicht melken können. Hier ist Milch für Ihre Kinder.«

Kurze Zeit später kam eine andere Frau mit einem Huhn unter dem Arm und mit ein paar Eiern. Noch einmal las die Gattin des Missionars den Bibelspruch: »Ich will für euch und eure Kinder sorgen.«

In jener Nacht war ihr Herz voller Hoffnung. Unter dem Dröhnen der Granaten, die in den Himmel stiegen, betete sie, Gott möge diese Stadt und die netten Menschen, welche die Missionare so liebten, irgendwie verschonen.

Am folgenden Morgen eilte sie in die Küche zum kleinen Kalender, riß das nächste Blatt ab und las: »Dann weichen die Feinde zurück an dem Tag, da ich rufe. Ich habe erkannt: Mir steht Gott zur Seite.« (Psalmen 56,10)

Das war nun wirklich mehr, als man glauben konnte! Einen

Vers, der zufällig für einen Bibelkalender ausgewählt worden war, den konnte man doch bestimmt nicht so wörtlich nehmen. Und wiederum wurde sie von Angst ergriffen. Die japanische Armee – was sie wohl mit einer einsamen, schutzlosen Frau tun würde? Sie ging die Papiere ihres Mannes durch und zerstörte alles, was ihr als Belastung hätte ausgelegt werden können. Sie hörte das Gewehrfeuer immer näher und näher kommen. An diesem Abend legte sie sich vollständig angezogen auf ihr Bett, bereit, jeden Augenblick in die Hände der japanischen Invasoren zu fallen.

Der Morgen graute, als sie wieder erwachte. Sie erwartete, den Tritt schwerer Stiefel auf dem Kies zu hören, den Klang einmarschierender Truppen. Doch alles war still. Vorsichtig ging sie zum Tor und sah zu, wie sich die Straßen allmählich zu füllen begannen, nicht mit japanischen Soldaten, sondern mit den Stadtbewohnern, die aus den Dörfern zurückkamen. Und wieder machte ihr der Oberst seine Aufwartung und sagte zu ihr: »Wir begreifen es nicht. Die Japaner zogen auf diese Stadt. Sie wollten sie einnehmen. Und plötzlich drehten sie einfach ab. Wir besiegten sie nicht. Sie nahmen nur einen anderen Weg und ließen unsere Stadt unbesetzt.«

War es ein Zufall? Und wenn wir schon von Zufall sprechen, was *ist* ein Zufall? Kann es eine Tat Gottes mitten in der Zeit sein, ja selbst in moderner Zeit?

Wer festen Glaubens ist, würde dem zustimmen, davon bin ich überzeugt. Und viele, die glauben, haben diese Wirklichkeit in den erhabenen Worten von Jesaja 26,3 gefunden:

»Sein (des Volkes) Sinn ist fest; du schenkst ihm Ruhe und Frieden; denn es verläßt sich auf dich.«

Robert A. Russell schreibt:

Wie kam es, daß der Mensch das Reich Gottes verließ? Wie

verlor er seinen Platz in ihm? Durch sein negatives Denken. Wie kann er es wieder erlangen? Wie kann er nur in einem Reich Gottes Ausdruck finden? Indem er dem Geist Christi folgt, indem er seine Gedanken mit der Göttlichkeit in seinem Innern in Einklang bringt. Wenn wir beten oder von einem größeren Gut reden, wissen wir, daß Christus durch uns redet. »Such ihn (Gott) zu erkennen auf all deinen Wegen, dann ebnet er selbst deine Pfade.« »Freu dich innig am Herrn! Dann gibt er dir, was dein Herz begehrt.«

Edna D. Cheney drückte diesen Glauben in Versen aus:

Sein Gebet

Zunächst erbat von Gott ich Licht:
könnt' ich den Weg nur sehen,
wie gerne würd' ich schnell und froh
dem Tag entgegengehen.

Danach erbat von Gott ich Kraft;
dann könnt' ich unbefangen
mit festem Schritt auf sicherm Pfad
das Himmelreich erlangen.

Um Glauben bat ich Gott sodann:
könnt' ich nur auf ihn trauen,
dürft' ich trotz Widerwärtigkeit
auf seinen Frieden bauen.

Doch jetzt erbitte Liebe ich:
zu Gott und seiner Schöpfung,
die Liebe, die nie enden soll,
wie schwer auch seine Prüfung.

Nun find' ich Glauben, Licht und Kraft,
wohin ich immer blicke;
Gott harrte, daß ich sein Gebet
zu ihm gen Himmel schicke.

Fulton Oursler behauptet, Männer wie die Präsidenten Washington, Adams und Lincoln hätten mit Leichtigkeit Zufälle von den mächtigen Taten Gottes in den Angelegenheiten der Menschen unterscheiden können:

»Es ist unmöglich, die Welt ohne Gott und die Bibel gebührend zu regieren«, sagte George Washington. John Adams nannte die Bibel »das beste Buch der Welt«, und Lincoln meinte: »...Nimm dieses ganze Buch, soweit du kannst, mit Vernunft und den Rest mit Glauben, und du wirst als besserer Mensch leben und sterben.«

The Greatest Book Ever Written

Ich kannte einmal einen Wissenschaftler, der auch ein großer geistiger Führer war. Dr. Albert E. Cliffe unterrichtete jeden Sonntag die größte Bibelklasse in Kanada. Und er erinnert uns daran, daß wir einen intelligenten Gott haben, der will, daß wir glücklich sind, und uns durch unseren Glauben zum Glück verhilft.

Gottes Intelligenz steht deiner Intelligenz zur Anwendung, zur Führung und Inspiration zur Verfügung. Er will, daß du glücklich bist, erfolgreich und gesund. Er wartet allzeit darauf, daß du seine Kraft durch Jesus Christus benützt.

Let Go and Let God

Die zwei vielleicht stärksten Kräfte in diesem Leben, die die Menschen entweder zum guten oder zum schlechten beeinflussen können, sind Glaube und Angst. Ja, Glaube ist in der Tat die einzige Kraft, die stärker ist als die Angst. Und Glaube kann die Angst überwinden.

Positiver Glaube ist eng mit gesundem Menschenverstand verbunden. Packen Sie eine Situation, in deren Mittelpunkt die Angst steht, mit gesunder Vernunft an, und Sie werden den Mut finden, sich wirkungsvoll daraus zu befreien.

Ein Freund von mir litt an einer langwierigen Krankheit, welcher er in seiner üblichen geschäftsmäßigen Art begegnete. Er hatte sie nun einmal, und damit hatte es sich, und er sorgte dafür, daß die Behandlung sein tägliches Arbeitspensum in keiner Weise beeinträchtigte. Er ging weiterhin seinen Geschäften nach, ohne jemals eine Gefühlsregung zu zeigen. Ich fragte ihn: »Hattest du irgendwann im Verlaufe deiner Krankheit einmal Angst?«

»Ja«, antwortete er, »es gab da eine Zeit, in der ich Angst hatte. Das war in jenen drei Tagen, als ich ständig 40 Grad Fieber hatte. Damals kam mir der Gedanke, ich würde vielleicht nicht durchkommen. Aber Angst hatte ich nur vorübergehend. Ich begann einfach, meinen gesunden Menschenverstand zu gebrauchen, und als ich das tat, sank das Fieber wieder. Mein ganzer gesunder Menschenverstand sagte mir, die Ärzte seien in meinem Fall zuversichtlich, das Richtige zu tun.« Und er fügte hinzu: »Überdies war ich in guten Händen. Wenn ich ein Flugzeug besteige, habe ich keine Angst. Ich weiß, daß das Flugzeug gut gebaut ist. Ich weiß, daß es gut gewartet wird, daß die Piloten und Bordingenieure ihr Handwerk verstehen. Da setze ich mich nicht hinein und habe Angst. Ich benutze den gesunden Menschenverstand. Ich lebe doch in einer wissenschaftlichen Welt.«

»Nun«, bemerkte ich, »du scheinst ein Mann zu sein, der offenbar nicht die leiseste Angst verspürt.«

»Warum sollte ich auch?« gab er zurück. »Ich gab meinen

Geist Jesus Christus. Er befreite mich von Angst. Und wenn du das tust, brauchst du dich vor gar nichts zu fürchten.«

»Denn Gott hat uns nicht einen Geist der Verzagtheit gegeben, sondern den Geist der Kraft, der Liebe und der Besonnenheit.« (2. Timotheus 1,7)

Darin steckt der positive Glaube, der diesem Mann Mut gab.

Manchmal ist es notwendig, daß der Mensch seine Angst bekämpft und abtötet. Es gibt Zeiten, in denen keine geringere Methode ausreicht. Emerson prägte den berühmten Ausspruch: »Tue das, wovor du Angst hast, und der Tod dieser Angst ist gewiß.«

Irgendwo (leider erinnere ich mich nicht mehr an die Quelle) las ich einst eine faszinierende Geschichte über einen Mann namens Courteney, der sich in Südafrika vom einfachen Grubenarbeiter zum Besitzer einer Goldmine emporarbeitete. Auf seinem Weg nach oben war er stahlhart und stark, doch nachdem er seine eigene Mine besaß, wurde er reich, dick und weich.

Eines Tages fuhr er in den Schacht hinunter, um sich ein bißchen umzusehen, als die Erde plötzlich zu grollen begann und Wasser in den Stollen einbrach. Die Arbeiter flohen. Sie waren wendig und geschmeidig und entkamen. Er aber war zu dick und zu langsam und wurde von herabstürzenden Felsbrocken eingeschlossen. Alle Lichter gingen aus. Zu seinem Glück befand sich unmittelbar über seinem Kopf eine Strebe aus Metall, die ein weiteres Einstürzen verhinderte und ihm einen Spielraum von vielleicht zehn Zentimetern in der Höhe verschaffte. Rundherum engten ihn die hereinbrechenden Trümmer aber so ein, daß er sich kaum mehr bewegen konnte. Nur mit knapper Not schaffte er es, ein Stück Stoff von seinem Hemd abzureißen und es über sein Gesicht zu legen, damit er nicht erstickte.

Er war sich seiner unangenehmen Lage voll bewußt: er befand sich viele Meter unter der Erdoberfläche, mutterseelenallein, in einem Grab aus Felsbrocken. Mit eiskalten Fingern griff die Klaustrophobie nach ihm. Er wollte gellend schreien. Aber sein Verstand sagte ihm, das wäre sinnlos, er müsse seine Kräfte schonen. Es war soviel Luft vorhanden, daß er eine Weile überleben konnte.

Nach langer Zeit vernahm er in der Totenstille ein kratzendes Geräusch von Metall auf Stein, das ihm verriet, daß die Rettung nahte. Mit beinahe übermenschlicher Anstrengung, mit Beten und Glauben, gelang es ihm, sich zu beherrschen, bis der Rettungstrupp ihn erreicht hatte. Endlich bekam er wieder kühle, reine Luft, und er wurde in Sicherheit gebracht.

Doch in jener Nacht kam es ihm im Bett unversehens so vor, als ob sich die Dunkelheit wieder um ihn schließen würde; es war, als ob die Bettlaken Felsbrocken wären, die sich rund um ihn aufhäuften. Mit einem Schreckensschrei schlug er die Decke zurück, sprang auf und eilte hinaus ins Freie. Tief atmete er die frische Luft ein und schaute zum Mond und zu den Sternen empor. Allmählich ließ der Schreck nach. Aber die ganze Nacht über wagte er sich nicht mehr zurück ins Bett.

Nacht um Nacht versuchte er zu schlafen, aber der Schrecken packte ihn immer wieder aufs neue. Er wußte, daß sein Glaube gefestigt werden mußte. Er betete und bat den Herrn, ihm sein Problem abzunehmen.

Eines Tages erzählte er seinen Freunden, er würde eine Zeitlang weggehen – er wolle »einen Teufel erledigen«. Er ging zur Mine und befahl dem Mann, der den Schachtaufzug bediente, ihn auf die vierzehnte Ebene hinunterzufahren. Der Mann lehnte ab: »Mr. Courteney, ich kann Sie nicht da hinunterbringen. Es ist nicht alles abgestützt. Wir haben schon lange nicht mehr gearbeitet dort unten. Es ist sehr gefährlich. Ich kann Sie da nicht hinbringen.«

»Kommen Sie, mein Freund«, sagte Courteney, »diese Mine gehört mir. Fahren Sie mich zum Stollen vierzehn hinunter.« Nur sehr widerwillig gehorchte der Mann. Dann befahl Courteney: »Nun fahren Sie wieder hoch, und lassen Sie mich hier.«

Dunkelheit umgab ihn, und mit der Dunkelheit kam die Angst. Er begann, in einen der Stollen hineinzugehen. Er hörte Wasser rauschen. Er wußte, daß dieser Stollen mit uraltem Holz abgestützt war. Er hörte das dumpfe Grollen in der Erde. Sein Herz schlug schneller. Kalter Schweiß trat auf seine Stirn. Der Schrecken packte ihn. Er begann zu beten: »Herr, hilf mir. Ich muß diesen Angstteufel umbringen, oder ich muß sterben.« Und so blieb er in der Dunkelheit der alten Goldmine stehen und beteuerte immer wieder seinen Glauben, bis der Teufel tot war. Dann läutete er nach dem Aufzug und ließ sich hinauffahren. Zum Mann, der den Aufzug fuhr, sagte er: »Da unten liegt ein toter Teufel.« Dann ging er weg, in Frieden, ganz Herr seiner selbst.

Töten Sie einen Teufel, den Angstteufel, den Teufel, der Sie Ihr ganzes Leben lang jagt und plagt. Es muß eine Zeit kommen, wo Ihr Glaube so stark und positiv wird, daß Sie diese Angst töten, für immer loswerden können. Nur Glaube kann die Angst besiegen.

»...Habt Vertrauen, ich bin es; fürchtet euch nicht!« (Matthäus 14,27)

Und wenn ein Mensch Macht über die Angst entwickelt, dann werden Freude und Begeisterung grenzenlos sein. Und es ist Glaube, der zu diesem höchst erstrebenswerten geistigen Zustand führt.

Wenn Sie von Ängsten oder Sorgen geplagt werden, beteuern Sie, daß Gott gut ist, bestätigen Sie sich, daß Gott Sie liebt. Bestätigen Sie, daß Gott sich um Sie kümmert. Und die Kräfte der Angst werden vertrieben. Positiver Glaube wird Ihren Mut stets stärken.

Wenn wir glauben, können wir mit Liebenswürdigkeit und Mut durch diese Welt gehen, erfolgreich sein und in Freude und Begeisterung leben, jeden Tag, ein Leben lang.

Der berühmte Psychiater Dr. Carl G. Jung war ebenfalls der Ansicht, Glaube sei für das geistige und physische Wohlbefinden des Menschen von entscheidender Bedeutung:

> Unter all meinen Patienten in der zweiten Hälfte des Lebens, das heißt im Alter von über fünfunddreißig, gab es nicht einen, dessen Problem es nicht letzten Endes gewesen wäre, eine religiöse Lebensanschauung zu finden. Es darf mit Gewißheit behauptet werden, daß jeder von ihnen krank wurde, weil er das verloren hatte, was die lebenden Religionen jeder Zeit ihren Anhängern gegeben haben; und keiner von ihnen wurde wirklich geheilt, der diese religiöse Anschauung nicht wieder erlangt hätte.

Und Erzbischof William Temple stimmt zu:

> Die Ursachen der Gesundheit sind, wie die Ursachen der Krankheit, sehr vielfältig, aber unter den Kräften, die auf unsere Gesundheit hinwirken, ist ein Glaube, der sich auf eine echte Erwartung der Güte Gottes in allen Bereichen unseres Seins erstreckt. Dieser Glaube schenkt uns entweder die Gesundheit selbst oder aber eine größere Kraft, über die schlechte Gesundheit triumphieren zu können, und beides ist ein großer Segen. Wenn wir zudem auf jene Art über die schlechte Gesundheit triumphieren, die ich beschrieben habe, so hat dies in der Tat zur Folge, daß wir bei wesentlich

besserer Gesundheit sind, als wenn wir nur passiv im Griff unserer Krankheit liegen, denn die Gemütserregung öffnet den echten Zugang zur Lebenskraft, die die Krankheit selber bekämpft.

Von der heilenden Kraft des Glaubens ist auch in der Geschichte die Rede, die von Dr. Charles L. Allen stammt, einem der größten Prediger Amerikas. Er berichtet uns von einem Mann, der mit seinen Sorgen zu ihm kam und dem er ein heilendes ›Rezept‹ ausstellte:

Wenn Sie diesen Mann sehen könnten, der zu mir kam, würden Sie glauben, er habe sein Leben lang nie eine Sorge gekannt.

Als ich ihn nach seinem Problem fragte, klagte er, er könne nachts nicht schlafen, er habe seit sechs Monaten keine einzige Nacht mehr ganz durchgeschlafen.

Nach einem längeren Gespräch sagte er endlich: »Ich habe alles, was ein Mann sich in seinem Leben wünschen kann, aber ich habe einfach Angst, fürchterliche Angst, und ich weiß nicht, warum.«

Ich nahm ein Blatt Papier und schrieb oben als Überschrift die Worte hin:

»ER FÜHRT MICH ZUM RUHEPLATZ AM WASSER.«

Ich gab ihm das Blatt, damit er es einstecke, und trug ihm auf, er solle am Abend vor dem Schlafengehen alles aufschreiben, was diese Worte seiner Meinung nach bedeuten könnten und was ihm im Zusammenhang damit noch alles in den Sinn käme. Am folgenden Abend solle er das Blatt wieder zur Hand nehmen, durchlesen, was er geschrieben habe, und neue Gedanken hinzufügen. Dies solle er eine

Woche lang jeden Abend tun und mich dann wieder aufsuchen.

Ich wollte seinen Geist vollkommen mit dem einen Gedanken erfüllen. Ich weiß, daß es absolut unmöglich ist, gleichzeitig an ›stille Wasser‹ zu denken und weiterhin Angst zu haben. Jeder gute Fischer kann dies bezeugen. Das ist der Grund, weshalb Fischen eine so großartige Medizin für so viele Menschen ist.

Es gibt auf dieser ganzen Welt kein Heilmittel für die Nerven, das sich mit stillen Wassern vergleichen ließe. Wenn wir diese klaren, kühlen, stillen Wasser auf die Leinwand unserer Phantasie projizieren, bewirkt dies wahre Wunder. Wie Longfellow sagte: »Setze dich hin, in Träume versunken, und beobachte das Farbenspiel der Wellen, die sich am müßigen Ufer des Geistes brechen.«

Eine andere Weisheit besagt, der Mensch solle nur einen Tag im Leben auf einmal leben. Robert J. Burdette hat diesen Gedanken hervorragend formuliert:

Es gibt zwei Tage in der Woche, um die ich mir nie Sorgen mache – zwei sorgenfreie Tage, die unantastbar frei von Angst und Befürchtungen sind.

Einer dieser Tage ist Gestern. Gestern ist mit all seinen Sorgen und Anfechtungen, mit all seinen Schmerzen und Kümmernissen, mit all seinen Fehlern, Irrtümern und Versehen für alle Zeiten aus meiner Erinnerung verschwunden.

Gestern war mein.

Das Gestern ist Gottes.

Der andere Tag, um den ich mich nicht sorge, ist Morgen. Morgen steht mit all seinen möglichen Widerwärtigkeiten und Lasten, mit seinen Gefahren, seinen großen Versprechen und schlechten Leistungen, seinen Fehlern und Irrtümern weit jenseits meiner Macht, genau so wie sein toter Bruder, Gestern.

Morgen ist Gottes Tag.

Er wird mein sein.

So bleibt mir dann nur ein Tag in der Woche übrig – Heute. Jede Frau kann die Lasten eines einzigen Tages ertragen. Jeder Mann kann den Versuchungen des Heute widerstehen.

Erst wenn wir die Lasten dieser zwei so fürchterlichen Ewigkeiten, des Gestern und des Morgen, zusammennehmen, brechen wir zusammen.

Die amerikanische Literatur, die sich mit Erfolg im Leben befaßt, ist sehr umfangreich und vielfältig, denn die Amerikaner waren schon immer vom Gedanken angetan, das Beste aus ihrem Leben zu machen. Hier acht Schritte zum Erfolg im Leben vom wohl größten Schausteller und Zirkusunternehmer Amerikas, P.T. Barnum:

1. Widme dich einem Geschäft, für das du Talent hast.
2. Suche dir einen geeigneten Ort aus, an dem du dein Geschäft abwickeln kannst.
3. Bleib deinem Geschäft treu. Nimm nicht an, du könntest auf jedem Gebiet Erfolg haben, nur weil du auf einem Gebiet erfolgreich bist.
4. Sei bedächtig in Geldangelegenheiten; nicht knausrig oder geizig, und stürze dich nicht in Schulden.
5. Denke und handle systematisch. Kein Mensch kann in einem Geschäft Erfolg haben, wenn er nicht strikt ein bestimmtes System in seinem Geschäft einhält.
6. Mach Reklame. Sieh zu, daß du einen guten Artikel hast, und tue der Öffentlichkeit auf irgendeine Art kund, daß du diesen zu verkaufen hast.

7. Sei wohltätig. Es zahlt sich für einen Geschäftsmann immer aus, Gesten des Wohlwollens zu machen.
8. Sei ehrlich. Ehrlichkeit ist die beste Politik. Ein Mann, der nicht ehrlich ist, wird bald keine Kunden mehr haben, die ihm seine Ware abnehmen.

Jonathan Edwards, der große amerikanische Prediger früherer Zeiten, gibt uns einen ähnlichen Rat:

> Beschlossen: Mit aller Macht leben, so lange ich lebe.
> Beschlossen: Nie einen Augenblick der Zeit verlieren, sondern ihn auf möglichst vorteilhafte Weise nützen.
> Beschlossen: Nie etwas tun, was ich verachten oder über das ich schlecht denken würde, wenn andere es täten.
> Beschlossen: Nie etwas aus Rache tun.
> Beschlossen: Nie etwas tun, was zu tun ich fürchten würde, wenn es die letzte Stunde meines Lebens wäre.

Und William James fügt diesen Weisheiten, die ein erfolgreiches Leben versprechen, noch eine weitere hinzu:

> Wir vergessen, daß jedes Gut, das zu besitzen sich lohnt, mit täglichen Anstrengungen bezahlt werden muß. Wir schieben und schieben hinaus, bis diese lächelnden Möglichkeiten vorbei sind. Indem wir die erforderlichen konkreten Arbeiten vernachlässigen, indem wir uns diese kleine tägliche Steuer ersparen, graben wir mit Sicherheit unseren höheren Möglichkeiten das Grab.

Mir gefällt der von Winfried Rhoades ausgedrückte Gedanke, daß das, was wir in uns selbst werden, der wahre Erfolg ist. Und um das zu werden, ist Glaube ein entscheidendes Element.

Das höchste Abenteuer des Lebens ist das Abenteuer, zu leben. Die größte Errungenschaft des Lebens ist die fortwährende Erneuerung deiner selbst, so daß du am Ende weißt, wie leben.

Der Mensch, der darauf aus ist, sich ein Selbst aufzubauen, mit dem er mehr oder weniger angenehm und in der Hoffnung auf eine weitere Besserung leben kann – dieser Mensch wählt bewußt aus, was er denken und fühlen will, Gedanken der Bewunderung und des Erstrebenswerten, Emotionen, die Mut machen und inspirieren. Und an diesen Gedanken wachsen wir in ein reicheres und wahreres Leben, in einen harmonischeren Zustand und eine ausgeglichenere Persönlichkeit hinein.

5. KAPITEL

Der Wert einer positiven Einstellung

Von William Arthur Ward, der zahlreiche Weisheiten geprägt hat, stammt auch der folgende Ausspruch:

> Ein Tag voller Wolken kann einem sonnigen Gemüt nichts anhaben.

Ebenso wahr ist, daß aller Trübsinn und alle Depressionen, unter denen heute so viele Menschen leiden, dem nichts anhaben können, der eine positive Einstellung hat. Es grenzt schon beinahe an Zauber, wie ein sonniges Gemüt und eine freudige, positive Einstellung den Trübsinn verjagen können.

Lassen wir Frank Kostyu erzählen:

> Ich traf in der Stadt zufällig einen alten Geschäftsfreund. Es war ein kalter, trostloser Tag, und unser Gespräch begann – wie es nicht anders zu erwarten war – denn auch prompt mit ein paar Bemerkungen über das Wetter.
>
> »Ein wirklich trostloser Tag«, begann ich nach der Begrüßung.
>
> Und dann erzählte er mir, was ihm vor einiger Zeit an einem ebenso trostlosen Tag widerfahren war. Er trat eines

Morgens aus seinem Haus, um in sein Geschäft zu gehen, als ihm von nebenan ein freundlicher Mann zurief: »Hallo, Nachbar! Ein großartiger Tag, heute!«

Mein Freund hob die Augen und bemerkte, daß zahlreiche Bäume noch ihr prächtiges Herbstkleid trugen und die Luft rein und frisch war.

»Ja«, antwortete er, schon etwas fröhlicher gestimmt, »es ist ein großartiger Tag.«

Er ging hinunter zum Friseurladen an der Ecke und rief den Angestellten zu: »Ein großartiger Tag, heute!«

Und sie lächelten zurück: »Ja, das ist es!«

Als er sein Geschäft betrat, begrüßte er seine Angestellten mit den Worten: »Es ist ein großartiger Tag, heute!« Sie blickten alle auf und lächelten.

Wo immer er an jenem Tag auch hinging, er strahlte Glück und Zufriedenheit aus, und als er am Abend nach Hause kam, sagte er zu seiner Frau: »Das war nun wirklich ein großartiger Tag. Zunächst sah ja alles sehr trüb aus, aber dann schien sich alles zum Besseren zu wenden, und der ganze Tag war mit einem Male voller Licht.« Seine Frau schien seine Stimmung aufzunehmen, und auch sie schien glücklich zu sein.

So hatte ein fröhliches Wort einen ganzen Tag verändert.

Charles Kingsley war der Ansicht, ein sonniges Gemüt habe viel mit einer erfolgreichen Laufbahn zu tun:

Die Menschen, deren Erfolg ich miterlebt habe, waren stets fröhlich und voller Hoffnung, sie gingen mit einem Lächeln auf ihrem Gesicht ihren Geschäften nach und ertrugen die Wechselfälle dieses sterblichen Lebens wie Männer... Willst du elend sein, mußt du nur an dich denken, an das, was du willst, was du möchtest, an den Respekt, den die Menschen dir erweisen sollten, an das, was die Leute von dir denken, und dann wird gar nichts mehr rein sein. Du wirst alles verderben, was du anfaßt; du wirst aus allem, was Gott dir gibt, Sünde und Elend machen; du kannst so elend sein, wie du es wolltest.

»Aber«, mögen Sie nun einwenden, »es ist nicht immer leicht, eine so positive und sonnige Einstellung zu haben.« Überlegen Sie sich aber einmal folgendes:

»Alles vermag ich durch ihn, der mir Kraft gibt.«
(Philipper 4,13)

Wenn wir schon von der Freude sprechen, die eine positive Einstellung zur Folge hat, ist es vielleicht auch ganz gut, uns kurz mit der gegenteiligen Einstellung zu befassen. Der berühmte Schriftsteller und Psychologe William James sagt:

> Die innere Haltung des Unglücklichseins ist nicht nur schmerzlich, sondern auch böse und häßlich.
>
> Was kann minderwertiger und unwürdiger sein als die grämende, winselnde, schmollende Laune, ungeachtet der äußeren Mißstände, die ihr zugrunde liegen mögen?
>
> Was ist verletzender für andere?
>
> Was ist weniger hilfreich als sie, einen Ausweg aus Schwierigkeiten zu finden?
>
> Sie beschleunigt und verstärkt nur die Probleme, die ihr zugrunde liegen, und macht die Situation insgesamt nur noch viel übler.

Dies erinnert mich an die Geschichte über einen alten Mann, die mir zu Ohren gekommen ist. Er war Gast in der Fernsehshow eines berühmten Moderators. Der Grund für die Einladung war der neunzigste Geburtstag des alten Mannes gewesen, der sich in diesem hohen Alter noch bester Gesundheit und eines frohen Geistes erfreuen durfte. Er war ein wunderbarer Erzähler und unterhielt alle mit seinen Geschichten, seinen humoristischen Sprüchen und weisen Bemerkungen. Er stahl den Stars buchstäblich die Schau, aber dem Moderator schien dies nichts auszumachen. Im Gegenteil, er hatte eine riesige Freude an seinem Gast. Und schließlich sagte er: »Unsere Zeit ist bald um, aber ich hätte noch eine letzte Frage. Sie sind offenbar ein zutiefst glücklicher Mensch. Wie haben Sie das geschafft?«

»Aber sicher, ich bin glücklich«, gab der alte Mann zurück. »Sehen Sie, das ist so. Jeden Morgen, wenn ich erwache, habe ich zwei Möglichkeiten: entweder unglücklich sein oder glücklich sein. Und da ich ja nicht blöd bin, entscheide ich mich für das Glücklichsein. So einfach und simpel ist es.«

Und das ist es in der Tat. Aber vielleicht lassen wir es zu, daß das Leben uns einschüchtert und uns sogar davon überzeugt, es sei so kompliziert und schwierig, daß wir uns sogar von den Umständen beherrschen lassen, während es eigentlich genau umgekehrt sein müßte. Daniel C. Steere sagt es auf folgende Weise:

> Das Leben ist sehr fügsam. Und so soll es auch sein. Das Leben ist aufregend und positiv und lohnend.
>
> Das Leben ist das herrlichste Werkzeug, das Gott für dich geschaffen hat. Alles auf der Erde hat er dem Menschen zur Verfügung gestellt. Gottes Absicht ist, daß du dein Leben nutzt. Er will, daß du von allen Dingen, die er dir gegeben hat, zu deinem Vorteil Gebrauch machst und von ihren Möglichkeiten und Gelegenheiten profitierst.
>
> Es gibt zwei entscheidende Konzepte, das Selbstvertrauen zu stärken. Das erste ist: Du wirst immer genau der sein, der

du zu sein glaubst. Und das zweite ist: Du bist einer, dessen Leistungen weit hinter seinen Fähigkeiten zurückbleiben. Es gibt genügend stille Reserven an Fähigkeiten und Talenten, damit du der sein kannst, der du sein willst.

Stelle nun neben diese zwei grundlegenden Konzepte noch eine grundlegende Wahrheit, die das Leben betrifft:

Die meisten Menschen müssen ihre Angst vor dem Leben überwinden, bevor sie es beherrschen können!

Der berühmte Schriftsteller Sydney Smith beschrieb im 18. Jahrhundert das gleiche Prinzip der Wahl, von dem der alte Mann in der Fernsehshow gesprochen hatte. Er sagt, verbunden mit einer Warnung:

> Wenn du des Morgens aufstehst, nimm dir fest vor, den Tag für einen Mitmenschen zu einem glücklichen Tag zu gestalten.
>
> Gib dich nie der Melancholie hin; widersteh ihr standhaft, denn die Gewohnheit wird sich durchsetzen.

Eine von Freude und Begeisterung getragene positive Einstellung wird, sofern sie mit Sorgfalt lange genug gepflegt wird, freudvolle, begeisternde und positive Ergebnisse in unser Leben bringen.

Dr. Albert E. Cliffe schrieb das schon einmal zitierte großartige und inspirierende Buch mit dem Titel *Let Go and Let God* (Laß gehen und laß Gott), in dem er sagt:

> Wenn wir derart negative Gedanken hegen, bis sie unseren Geist beherrschen, wenn wir in jedem Menschen Sünde und Krankheit suchen, werden wir sie bestimmt finden.
>
> Jeder Tag kann für Sie ein trauriger Tag sein, jede Nacht einfach eine andere Nacht voller Elend; genau diese Dinge

produzieren Sie in Ihrem Alltagsleben, indem Sie ständig falsche Gedanken auf Ihren Geist einwirken lassen. Jeder Mensch, der auf dieser Erde lebt, ist aufgrund seines bisherigen Denkens so, wie er jetzt ist, und wenn Ihr Leben bisher einen unglücklichen Verlauf genommen hat, dann ist es höchste Zeit, daß Sie Ihre Gedanken in andere Bahnen lenken und einem Christentum nachzuleben beginnen, von welchem Glück in Ihr Leben ausstrahlen wird.

Wie viele andere haben bestimmt auch Sie im vergangenen Sommer einen herrlichen Urlaub verbracht, neue Orte besucht, neue Schönheiten der Natur bestaunt, andere Menschen kennengelernt, die alle ein ganz anderes Leben leben als Sie. Und das Bild vom Leben, mit dem Sie nach Hause gereist sind, war ein anderes Bild als zuvor. Sie haben sich wieder erholt und frisch gefühlt, nachdem Sie sie für eine Zeitlang vergessen hatten, Ihre täglichen Plagen, Ihre täglichen Sorgen und die Leute, die Ihnen auf die Nerven gehen. Wie sehr haben Sie doch diese Veränderung genossen! Ihr Leben im Urlaub war glücklich.

War das damals eine elende Welt für Sie? War nicht jede einzelne Minute ein echter Genuß? Liebten Sie nicht die Schönheit des Meeres, des Waldes, des Feldes, des Strandes? War es die Hölle auf Erden oder war es ein Bild von Gottes Vollkommenheit? Sie hatten einen vollständigen Tapetenwechsel und Ihren Seelenfrieden. In diesen wenigen Wochen trat in Ihrem Denken eine Veränderung ein, und was fanden Sie? In den Schönheiten der Natur fanden Sie Gott, und Sie fanden den Himmel auf Erden. Sie liebten doch das Leben in Ihrem Urlaub, nicht wahr? Warum ist es dann nicht möglich, dieses glückliche Leben dreihundertundfünfundsechzig Tage im Jahr zu genießen?

Die Bibel spricht von »ihm, der das Leben lieben und gute Tage sehen wird«. Und dies sagt uns doch mit aller Deutlichkeit, daß der Herr, Jesus Christus, alles über das Leben weiß, alles über das Gute im Leben weiß und alles über das gute Leben, und er will, daß Sie als Kind seines Vaters am guten Leben teilhaben, jetzt mit ihm glücklich sind.

Können Sie sich Jesus Christus als Mann mit einem mißmutigen, traurigen, elenden Gesicht vorstellen, als Mann ohne Persönlichkeit, als negatives Wesen, das nur an das Elend seines Lebens denkt? Hätte ein solcher Mann Lazarus vom Tode auferweckt, um auf dieser Erde weiterzuleben, wenn sie ein solcher Ort des Elends wäre? Das gäbe doch keinen Sinn.

Sie können Ihr Leben zu einem glücklichen Leben wenden, wenn Sie zuerst die Vergangenheit vergessen und vergeben, wenn Sie lernen, nur dem einen Tag zu leben, und wenn Sie daran glauben, daß Ihrer eine glänzende Zukunft harrt.

Ängste und Krankheiten werden Sie nicht mehr verfolgen, wenn Sie aus Herzensgrund lernen, wie Sie das Böse aus Ihrem Leben gehen lassen und Gott die Sorge um Sie überlassen.

Es gibt eine einfache Methode, ein christliches Leben zu führen. Zunächst müssen Sie an die Lehren des Herrn glauben und sie annehmen. Sie müssen jeden Tag in den Evangelien über ihn nachlesen. Sie müssen jeden Tag mit ihm einen Termin verabreden, um mit ihm zu sprechen. Durch diesen einfachen Glauben werden Sie ein Leben von überströmendem Reichtum und überwältigendem Glück erfahren. Sie werden lernen, sich selber im Leben ganz hinten und Ihre Mitmenschen vor sich zu sehen. Dann ist Ihre Geisteshaltung dem Leben gegenüber sehr, sehr stark geworden. Das ist Glaube, und die Bibel ist voll von Geschichten darüber, was Glaube für andere ausgerichtet hat und was der Glaube an einen lebendigen, starken Gott für

Sie tun kann. Für Sie wird auf dieser Welt nichts unmöglich sein.

Was aber nun mit dem Versprechen: »Alles, worum ihr betet und bittet – glaubt nur, daß ihr es schon erhalten habt, dann wird es euch zuteil«? Was ist das für ein herrliches Versprechen, und wie gut Sie beweisen können, wie wahr es ist.

Stanley Jones sagt, es sei viel lustiger, ein Christ zu sein als zum Teufel zu gehen; der eine erhält ein Leben, der andere befriedigt nur einen Impuls. Der eine endet im Chaos, der andere in der Freude des Lebens.

Vieles wird Ihnen widerfahren, wenn Sie Jesus Christus als Führer zu Ihrem Glück nehmen. Viele kleine, gut zusammenpassende Ereignisse werden in Ihrem täglichen Leben geschehen, die Sie vorher einem glücklichen Zufall zugeschrieben haben. Doch sie sind alle Teil des göttlichen Plans, denn die Welt ist von einem Gott erschaffen worden, der sie nach Gesetzen lenkt, und wenn Sie diesen Gesetzen nachleben, dann bedeutet dies, daß Sie *gehen lassen und Gott lassen.* Die Freude des Lebens wird für Sie ein alltägliches Ereignis...

Vor einiger Zeit kam ein Geschäftsmann zu mir, der in seinem Beruf versagt hatte. Er schien zwar gute Ideen zu haben, doch es fehlte ihm an Betriebskapital. Nachdem er mit mir über sein ganzes Leben gesprochen hatte, stellten wir fest, daß er von Kritik und Groll gegen seine früheren Arbeitgeber erfüllt war und daß diese Gefühle sein Leben beherrschten. Er mußte seine früheren Arbeitgeber um Verzeihung bitten. Er mußte Gott um Verzeihung bitten. Er mußte Frieden finden und ihm folgen; er mußte sein Leben in Gottes Hand legen. Dann bekam er seine Antwort. Aus mehreren Quellen, die er zuvor nicht einmal gekannt hatte, wurde ihm Kapital angeboten, und je mehr er sich anstrengte, nur dem einen Tag zu leben, desto mehr vergaß er die böse Vergangenheit und desto größer wurde sein Erfolg.

Glauben Sie, Gott will, daß Sie ein Leben in Elend führen? Glauben Sie, er will, daß Sie von Sorgen, Ängsten und Krankheiten geplagt werden? Das ist nicht, was das Neue Testament uns lehrt. Er will, daß Sie glücklich sind und dieses Glücklichsein auch ausstrahlen.

Viele Menschen wollen glücklich sein, aber sie wissen nicht wie. Sie schöpfen ihr Glück aus den materiellen Dingen des Lebens; aber sehen Sie häufig glückliche Gesichter, wenn ein Kinofilm zu Ende ist oder wenn Sie eine Bar besuchen? Kaum wirklich glückliche Gesichter.

Dann haben wir jenen Typ eines Christen, der Ihnen stolz erzählt, wie lange er schon gerettet sei, der aber glaubt, es sei ein Verbrechen, in der Kirche zu lachen. Ich frage mich oft, warum so viele Christen im täglichen Leben zu Hause und im Beruf so oft ihre Stirne runzeln. Sie begreifen nicht, daß es siebenundzwanzig Muskeln braucht, um die Stirne zu runzeln, aber nur acht für ein Lächeln. Ein solcher Christ überanstrengt sein Gesicht.

Die Lehren Jesu schenken uns strahlendes Glück, Freude und Erfolg. Jesus macht Sie froh; er bringt Sie zum Singen...

Ihr Wegweiser zum Glück ist der Christ – seine Art zu leben.

Wollen Sie es? Da ist allerdings ein Preis zu bezahlen. Sie müssen Gott Ihr ganzes Sein durch Jesus Christus hingeben. Beten Sie dafür, handeln Sie danach, glauben Sie daran, und Sie werden spüren, wie seine Kraft in Ihnen zu wirken beginnt. Prägen Sie sich diesen Gedanken tief ein, bestätigen Sie ihn immer wieder, streben Sie ihn als Ziel an. Geben Sie sich Mühe, daß Sie es wert sind, ein Tempel für seinen Geist zu sein... Es gibt keinen Menschen auf der Erde, der sein Leben nicht zu etwas Wunderbarem, zu einem überwältigenden Erlebnis machen kann.

> Lassen Sie die Dinge im Leben *gehen*, die Sie bisher vom Glücklichsein abgehalten haben, und *lassen Sie Gott.*

Das erinnert mich an einen reizenden Ausspruch von Janet Lane:

> Von allem, was du trägst, ist dein Gesichtsausdruck am wichtigsten.

Tief beeindruckt haben mich auch die Verse des bodenständigen und sehr vernünftig denkenden Philosophen G. J. Russell:

Es hätte schlimmer sein können

Manchmal halte ich traurig inne,
und denke an das, was hätte sein können,
an goldene Chancen, die ungenützt
blieben und nie wieder kamen.

An Freuden, die mein gewesen wären,
an Preise, die ich beinah gewann,
an Ziele, die ich nur knapp verfehlte,
an Dinge, die ich hätte tun können.

Es macht mich traurig, daran zu denken,
bis ich dann die andere Seite sehe:
ich hätte ja viel mehr Pech haben
und darin untergehen können.

Die unbekannten, lauernden Gefahren,
die ich sicher überstanden habe,
die Sorgen, die mich verschont haben,
sie alle sehe ich deutlich vor mir.

Und wenn ich mich nun traurig fühle,
wiederhole ich immer und immer wieder:
es ist doch alles gar nicht so schlimm,
es hätte viel schlimmer sein können!

Auch aus der Philosophie von Robert Louis Stevenson ist eine positive innere Einstellung herauszuspüren:

> Da das Gestern der Geschichte angehört und das Morgen vielleicht nie kommt, habe ich beschlossen, von diesem Tage an sämtliche Geschäfte ehrlich abzuwickeln, so viel Spaß zu haben, wie im Rahmen der Vernunft möglich ist, bereitwillig soviel Gutes zu tun, wie ich nur tun kann, und meine Verdauung durch angenehme Gedanken so gut wie möglich zu schonen.

Der berühmte Gründer des Methodismus, John Wesley, schätzte anscheinend seine Beziehung zum Universum sehr richtig ein:

> Er, der die Welt lenkte, bevor ich ihr Licht erblickte, wird sie genauso lenken, wenn ich tot bin. Meine Aufgabe ist es, das Jetzt zu verbessern.

Wir dürfen nie die Tatsache aus den Augen verlieren, daß nicht wichtig ist, was mit Ihnen geschieht, sondern welches Ihre Einstellung zu dem ist, was da geschieht. Ein Freund von mir schenkte mir einst eine Holztafel mit der geschnitzten Inschrift:

EINSTELLUNGEN SIND WICHTIGER ALS TATSACHEN!

Ich bedankte mich damals höflich, erklärte mich aber mit der Aussage gar nicht einverstanden. »Nichts«, so sagte ich, »kann wichtiger sein als eine Tatsache, denn eine Tatsache ist eine Tatsache, und damit hat es sich.«

»Nein«, erwiderte mein Freund, »nichts ist wichtiger als deine Einstellung einer Tatsache gegenüber.«

Er erklärte mir das wie folgt: Nehmen wir eine klare, nackte Tatsache. Vor dieser Tatsache stehen zwei Männer, beide von gleicher Mentalität, gleicher Bildung und gleichen Fähigkeiten. Der eine Mann geht an die Tatsachen heran und läßt sich von ihr einschüchtern. »Was für eine mächtige Tatsache«, sagt er, »diese Tatsache ist wirklich überwältigend.« Und während er so denkt und spricht, wird die Tatsache immer größer und der Mann immer kleiner. Das Ergebnis ist, daß er sich von dieser Tatsache unterkriegen läßt.

Nun geht der zweite Mann an die gleiche Tatsache heran und erkennt in ihr ein komplexes Gebilde, das er in keiner Weise unterschätzt. Aber er ist nicht nur ein Realist, was die der Tatsache innewohnenden Schwierigkeiten angeht, sondern er ist auch ein positiver Denker und ist der Tatsache und – was noch wichtiger ist – auch sich selbst gegenüber positiv eingestellt. Er überlegt: »Das ist wirklich eine harte Tatsache, aber ich bin härter als sie. Ich bin größer als diese Tatsache. Ich verfüge über das notwendige Wissen oder weiß, wie ich dazu kommen kann, und mit Gottes Hilfe kann ich diese Situation sicherlich bewältigen.« Und genau das tut er dann auch mit Erfolg. Mit seiner Einstellung beweist er, daß Einstellungen in der Tat wichtiger sind als Tatsachen.

John Homer Miller ist gleicher Meinung, was diesen positiven Standpunkt angeht:

Farben

Dein Leben wird nicht so sehr durch das bestimmt, was das Leben dir gibt, sondern vielmehr durch die Einstellung, die du dem Leben gegenüber hast; nicht so sehr durch das, was mit dir geschieht, sondern vielleicht dadurch, wie du dich zu dem stellst, was da geschieht. Umstände und Situationen bringen Farbe ins Leben, aber du hast den Geist bekommen, um zu wählen, welche Farbe es sein soll.

Selbst eine Einstellung gegenüber dunklen Nächten und Stürmen, ja gegenüber großer Verzweiflung, kann sich in Freude verwandeln, wie John Kendrick Bangs uns verrät:

> Nie war die Nacht so schwarz zuvor,
> daß selbst der Tag sich darin verlor.
> Nie war der Sturm solch Ungemach,
> daß nicht ein heller Tag durchbrach.
> Nie war die Pein so abgrundtief,
> daß nicht ein Hoffnungsschimmer rief.
> Nie war die Stund' so ohne Licht;
> auch Liebe ändert das nicht!

Der Philosoph Arthur Schopenhauer weist darauf hin, daß die Freude von innen her die beste Form des Glücks ist und daß unsere persönliche Welt durch unsere Anschauung, unsere Einstellung zu ihr bestimmt wird:

> Das Glück, das aus uns selber kommt, ist größer als das Glück, das wir durch Äußerlichkeiten erlangen... Die Welt, in der ein Mensch lebt, nimmt in erster Linie durch die Art und Weise Form an, in der er sie anschaut.

Eine positive Einstellung zu entwickeln, bedarf einer gewissen Anstrengung und ist unter Umständen kein leichtes Unterfangen. Wir werden mit einer positiven Einstellung geboren. Wenigstens glaube ich noch nie ein negatives Baby gesehen zu haben. Aber dieses gleiche Baby kann in ein negatives Familienklima hineingeboren werden. Und da es sozusagen wie ein Schwamm die vorherrschenden Haltungen und Einstellungen aufsaugt, wird es bald von der Atmosphäre in seiner Umgebung beherrscht. Wenn das Kind dann später als junger Mensch positiv denken lernen will, muß es einen geistigen Umerziehungsprozeß einleiten, der sehr lang und schwierig, ja sogar schmerzlich sein kann, da altes Gedankengut bekanntlich ja nur sehr schwer stirbt. Um eine neue und positive Einstellung zu erlangen, ist vielleicht – oder sogar ganz sicher – viel Übung, Disziplin und ständige Wachsamkeit erforderlich, damit ein Rückfall in die alten Denkmuster vermieden werden kann.

Vielleicht können Sie für sich selbst auch eine Denkübung zusammenstellen, wie dies Sibyl F. Partridge gelungen ist:

Wenigstens heute

Wenigstens heute will ich glücklich sein.

Dies setzt voraus, daß Abraham Lincolns Wort wahr ist, daß »die meisten Menschen ungefähr so glücklich sind, wie sie es sich vornehmen zu sein«. Glück kommt von innen; Glück ist nicht eine Frage von Äußerlichkeiten.

Wenigstens heute will ich versuchen, mich dem anzupassen, was ist, und nicht versuchen, alles meinen eigenen Wünschen anzupassen.

Ich nehme meine Familie, meine Arbeit und mein Glück, wie es eben kommt, und passe mich ihnen an.

Wenigstens heute will ich meinen Körper pflegen.

Ich trainiere ihn, pflege ihn, nähre ihn, mißbrauche und vernachlässige ihn nicht, so daß er meinen Befehlen in vollkommener Art und Weise nachkommen kann.

Wenigstens heute will ich versuchen, meinen Geist zu stärken.

Ich werde etwas Sinnvolles lernen, nicht geistigem Müßiggang huldigen. Ich werde etwas lesen, was Anstrengung, Gedankenarbeit und Konzentration verlangt.

Wenigstens heute will ich meine Seele dreifach üben.

Ich vollbringe eine gute Tat, ohne daß jemand merkt, wer sie vollbracht hat. Ich tue mindestens zwei Dinge, die ich eigentlich gar nicht tun will, nur der Übung halber, wie dies William James vorschlägt.

Wenigstens heute will ich liebenswürdig sein.

Ich mache mich so gut wie möglich zurecht, ziehe mich möglichst gut an, spreche leise, handle zuvorkommend, spende freigiebig Lob, kritisiere nicht, finde nicht an allen Dingen etwas zu bemängeln und versuche nicht, jemanden zur Ordnung zu rufen oder zu bessern.

Wenigstens heute will ich versuchen, nur für den einen Tag zu leben.

Ich werde nicht mein Lebensproblem als Ganzes angehen. Ich kann zwölf Stunden lang Dinge tun, die mich entsetzen würden, wenn ich sie mein ganzes Leben lang tun müßte.

Wenigstens heute habe ich ein Programm.

Ich schreibe auf, was ich in jeder Stunde tun will. Vielleicht kann ich dieses Programm nicht genau einhalten, aber ich habe wenigstens eines. Es wird mir helfen, zwei Laster zu vermeiden: die Eile und die Unentschlossenheit.

Wenigstens heute werde ich eine ruhige halbe Stunde für mich ganz allein verbringen und entspannen.

In dieser halben Stunde werde ich manchmal an Gott

denken, um etwas mehr Perspektive in mein Leben zu bekommen.

Wenigstens heute will ich keine Angst haben.

Vor allen Dingen werde ich keine Angst davor haben, glücklich zu sein, das Schöne zu genießen, zu lieben und zu glauben, daß die, die ich liebe, auch mich lieben.

Der schon erwähnte Frank Bettger machte ihn ebenfalls durch, diesen Umerziehungsprozeß, den er im folgenden Ausschnitt aus *Lebe begeistert und gewinne* zumindest andeutet:

Kurz nachdem ich meine Verkaufstätigkeit begonnen hatte, merkte ich, daß ein mißmutiges und trauriges Gesicht unfehlbar zum Mißerfolg führte. Ich wußte, daß ich das Hindernis unter allen Umständen überwinden wußte, und es war mir klar, daß es nicht leicht sein würde, mein Sorgengesicht, das ich während so vieler Jahre getragen hatte, zum Verschwinden zu bringen. Eine neue innere Einstellung zum Leben war notwendig! Und hier ist die Methode, die unverzüglich grundlegende Veränderungen in meinem Privat- und Geschäftsleben hervorrief.

Jeden Morgen nahm ich ein viertelstündiges Bad, frottierte mich energisch, und während dieser Zeit versuchte ich, meinem Gesicht einen fröhlichen und zuversichtlichen Ausdruck zu geben. Bald merkte ich, daß ich mir nicht ein konventionelles, steifes und gekünsteltes Lächeln zulegen durfte, das nur den Zweck verfolgte, Dollars in meine Tasche rollen zu lassen. Mein Lachen mußte von innen kommen, es mußte der Ausdruck eines glücklichen und zuversichtlichen Innenlebens sein.

Das war leichter gesagt, als getan. Immer wieder ertappte ich mich während dieser Viertelstunde, daß meine Gedanken in Unlust, Sorge und Angst zurückfielen – und schon zeigte der Spiegel mein altes Faltengesicht. Sorgen und Lachen vertragen sich nicht; so war ich genötigt, erneut meinen Zügen einen fröhlichen Ausdruck aufzuzwingen – und damit nahmen auch meine Gedanken wieder eine andere, zuversichtliche Richtung.

Erst später merkte ich, daß meine Theorie diejenige des großen Philosophen und Lehrers Professor William James bestätigt, der sagt: »Es scheint, daß die *Tat* dem Gefühl folgt, doch in Wahrheit gehören sie beide zusammen; indem wir die *Handlung* regulieren, die mehr oder weniger der direkten Kontrolle des Willens untersteht, können wir indirekt auch unsere Gefühle beherrschen, die viel weniger durch unseren Willen gemeistert werden können.«

Diese viertelstündige Betätigung meiner Lachmuskeln hat jeweils den ganzen Tag verändert. Bevor ich das Büro eines Kunden betrat, hielt ich einen Moment inne, um an all das zu denken, wofür ich dankbar sein konnte. Das gab meinem Gesicht einen zufriedenen, fröhlichen Ausdruck, und mit diesem strahlenden Lächeln betrat ich den Raum. Nur selten fand ich nicht einen Widerschein meines fröhlichen Gesichtes auf demjenigen, das mir begegnete. Wenn die Sekretärin meinen Besuch ihrem Chef anmeldete, spiegelte sich in ihrem Gesicht immer noch etwas von meinem frohen Ausdruck wider, und meistens trug sie noch ein Lächeln auf ihren Zügen, wenn sie zurückkam, um mich eintreten zu lassen.

Nehmen wir nun an, ich wäre mit einem sauren Gesicht oder mit einem dieser Gummibandlächeln (jene, die gleich zurückschnappen, wenn man nicht beobachtet wird) erschienen. In diesem Falle hätte der Gesichtsausdruck der Sekretärin ihrem Chef praktisch gesagt: »Empfangen Sie ihn nicht!«

Wenn ich dann das Büro des Chefs betrat, war es ganz natürlich, daß ich auch ihn freundlich anlachte und sagte: »Mr. Livingston, guten Morgen!« (Übers.: Ernst Steiger)

Daß der Umerziehungsprozeß zur positiven Einstellung auf dem Weg zur Freude und Begeisterung einen sehr wichtigen Schritt darstellt, bestätigt auch Dr. Albert E. Cliffe:

> Negatives Denken wird stets zu Versagen und Nervenzusammenbruch führen; positiver Glaube hingegen – positives Denken – wird Sie zu einem glücklichen, gesunden und reichen Leben führen.

Und schließlich gibt es immer noch jene Menschen, die mißmutig behaupten: »Das ist unmöglich.« Diese Negativisten und Pessimisten wollen vermutlich, daß andere versagen, vielleicht wollen sie aber auch nur ihre eigenen Mängel rechtfertigen. Es ist zweifellos klüger, schöpferischen Menschen wie zum Beispiel Edgar A. Guest zuzuhören, die durchaus der Meinung sind, daß es getan werden *kann.* Dies sind die positiven Leute, die anderen helfen, durch Freude und Begeisterung das Beste aus ihrem Leben zu machen:

Es war nicht zu machen

Das sei nicht zu machen, tat laut einer kund,
doch er meinte leise mit lächelndem Mund,
»Vielleicht«, doch er habe noch niemals verzagt,
bevor er's nicht wenigstens eimmal gewagt.
Und schon ging ans Werk er mit Tatkraft und Mut,
wenn Zweifel er hatte, verbarg er sie gut.
Er fing an zu singen und packte das an,
was unlösbar war – und schon bald war's getan.

Es höhnte ein Spötter: »Das schaffst du doch nie,
das schaffte noch keiner, auch nicht ein Genie.«
Doch er hörte nicht, denn er war schon dabei;
was andere dachten, war ihm einerlei.
Mit zwinkerndem Auge, erhobenem Kinn,
mit mutigem Lächeln, kristallklarem Sinn
begann er zu singen und packte das an,
was unlösbar war – und schon bald war's getan.

Wenn alle dir raten, ach, laß das doch sein,
wenn alle dir nichts außer Pech prophezein,
dich warnen vor dieser und jener Gefahr,
nimm dennoch die gute Gelegenheit wahr:
verliere den Mut nicht, und schreite zur Tat,
denn jemand ist bei dir mit göttlichem Rat.
Beginne zu singen, und packe das an,
was »unlösbar ist« – und schon bald ist's getan.

6. KAPITEL

Leben in einem geistigen Aufwind

Wir sind aus gutem Grund dazu angehalten worden, zu beten und die Bibel kennenzulernen, denn dadurch können wir von einem *geistigen Aufwind* profitieren. Wenn die geistige Kraft in unserem Innern in diesem Aufwind mitgetragen wird, hat dies Freude, Begeisterung und geistige Vitalität zur Folge.

Kürzlich lud mich ein Mann, den ich schon seit vielen Jahren kenne, zum Mittagessen in seinen Club ein. Die Clubmitglieder waren um einen riesigen, runden Tisch versammelt, und obwohl mein Freund mich gebeten hatte, mich mit ihnen zu unterhalten, hatte ich keine Chance dazu, denn mein Gastgeber war selbst der Mittelpunkt einer spritzigen, lebhaften und vollständig fesselnden Gesprächsrunde. Ich musterte ihn überrascht, denn ich erinnerte mich noch gut an die Zeit viele Jahre zuvor, als sein Vater zu mir kam und mich fragte: »Was kann ich mit meinem Sohn nur anfangen? Alles, was er anpackt, mißlingt. Ich glaube, er ist intelligent, und er hat eine gute Bildung genossen. Aber er ist so lustlos und apathisch, so geistig geschlagen, daß ich beinahe an ihm verzweifle.« Hätte der Vater meines Freundes noch gelebt, hätte er seinen Sohn gewiß ebenso erstaunt gemustert wie ich.

Natürlich wollte ich sein Geheimnis erfahren, und so erkundigte ich mich später danach.

»Es gibt kein Geheimnis«, antwortete er. »Ich habe nur eins getan: Ich habe mich mit dem Gedanken vertraut gemacht, Gott als meinen Partner zu betrachten. Nun lese ich jeden Tag im Neuen Testament; das sprudelt vor Leben förmlich über.«

Die Bibel ist voller Leben. Nehmen Sie nur eine Konkordanz (alphabetisches Verzeichnis aller in der Bibel vorkommenden Wörter; Anm. d. Übers.) zur Hand, und schlagen Sie die Wörter nach, die in der Bibel am häufigsten vorkommen. Es sind die Wörter *Leben, Liebe* und *Glaube.*

»In ihm war das Leben...« (Johannes 1,4).

Wenn Sie Ihr Leben wirklich auf Christus im Mittelpunkt auslegen, werden Leblosigkeit, Trübsinn, Besorgnis, Schwäche, Widerwille und Müdigkeit von Ihnen abfallen.

Wie kommt man zu einer derart freudvollen Lebenskraft? Jedermann wünscht sie sich. Aber wie kommt man dazu?

Es ist das alte Phänomen eines Menschen, der mit dieser dynamischen, freudigen und lebendigen Kraft, die in Jesus Christus ist, richtig in Berührung kommt. Niemand braucht nur halb zu leben; jedermann kann ein herrliches Leben in freudvoller Vitalität leben, wenn er eine echte und persönliche Beziehung zu Jesus hat.

Wer mit lebendiger Vitalität leben will, braucht Übung. Denn wenn Sie über lange Zeit hinweg üben, tot zu sein, werden Sie tot sein, auch wenn Sie leben. Wenn Sie sich über längere Zeit hinweg der Apathie hingeben, wird Apathie Ihre Persönlichkeit prägen. Wenn Sie sich im Unglücklichsein üben, werden Sie unglücklich werden.

Handeln Sie so, als ob Sie voller Lebenskraft und Freude wären.

»Aber das ist doch nicht ehrlich«, mögen Sie nun einwenden, »denn ich bin nicht von Freude erfüllt.«

Doch, Sie sind es! Die Freude wartet unterschwellig nur darauf, endlich ausbrechen zu dürfen.

»...Das Reich Gottes ist mitten unter euch« (Lukas 17,21).

Aber sie ist eben noch nie zum Durchbruch gekommen. Handeln Sie also so, als ob Sie alles hätten, Leben, Begeisterung, Gesundheit, Talent, Freude, und alles wird Ihnen zuteil.

William Barclay sagte dazu:

> Beten ist keine Flucht; Beten ist Kraft. Beten erlöst einen Menschen nicht aus einer schrecklichen Lage; aber Beten macht den Menschen fähig, dieser Lage mutig entgegenzusehen und sie zu meistern.

Und wenn man fähig ist, eine schwierige Situation zu meistern, wird man natürlich froh, und das Leben nimmt hellere Farben an.

Sprichwörter sind Weisheiten, die uralten Erfahrungen der Menschheit entstammen. Und so kann das englische Sprichwort »Gebete sollten der Schlüssel zum Tag und das Schloß für die Nacht sein« insofern von Bedeutung sein, als religiös orientierte Menschen offenbar vor langer Zeit entdeckt haben, daß das Gebet Begeisterung für die Arbeit des Tages und freudigen Frieden für den Abend verleiht.

Jesus sagte, wenn wir lernten, in Gedanken, Worten und Taten vollkommen zu sein, wenn wir dies wirklich Tag um Tag versuchten, würden wir Gott entdecken. Jeder gute Gedanke, den du hast, jede gute Tat, die du vollbringst, jeder gute, heimliche Wunsch aus deinem Herzen ist ein Flüstern von Gott. Nimm dir in jeder Tagesstunde Zeit, mit Gott in Verbindung zu treten, wo du auch immer sein magst; laß dir jede Stunde eine Minute lang für eine Begegnung mit ihm Zeit, und du wirst Tag um Tag an Glauben und Überzeugung gewinnen. Deine Gedanken, deine ganze Persönlichkeit, wird sich ändern, denn du wirst – wie Jesus – fähig sein, mit allem im Leben fertigzuwerden.

Denn wenn Gott in dir lebt, lebt auch die Wahrheit in dir. Sein Geist ist in dir, seine Kraft ist mit dir. Höre auf Gott in jeder Stunde des Tages, und sein Gesetz wird immer für dich arbeiten und dir Gesundheit, Seelenfrieden und Glück bringen.

Dr. Albert E. Cliffe, von dem die obigen Zeilen stammen, sagte oft, Jesus Christus sei insofern eigentlich ein Wissenschaftler, als er anwendbare Formeln des guten Lebens, der Freude, der Begeisterung und des Seelenfriedens lehre.

Einer der glücklichsten und begeistertsten Menschen, die ich je kennengelernt habe, war Frank Bettger, von dem schon mehrmals die Rede war. Sein froher Geist und seine begeisterte Einstellung entsprossen einem tiefen Glauben. Dies beweist die folgende Geschichte, die viele Jahre in eine Zeit zurückgeht, als die Luftfahrt noch in den Kinderschuhen steckte.

In einer mondhellen Nacht draußen in der Wüste von Nevada, unmittelbar am Fuße des Hoover-Staudammes am Lake Mead, wurde ich Zeuge eines merkwürdigen Phänomens. Ich lag flach auf dem Rücken und schaute zu den Millionen von Sternen empor. Gäste des Lake Mead Hotels hatten am Seeufer aus Treibholz ein mächtiges Lagerfeuer entfacht... und da sah ich es! Der Rauch dieses tosenden Feuers schraubte sich spiralförmig von links nach rechts in den Himmel hinauf, wie die Zeiger einer *rückwärts gehenden* Uhr!

Ich hatte von dieser merkwürdigen, durch die Erdrotation hervorgerufenen Kraft gehört, und ich fragte mich, weshalb diese gleiche Kraft Rauch südlich des Äquators in die *umgekehrte Richtung* wirbelte, also in eine Spirale im Uhrzeigersinn.

Und es kann nie anders sein!

Ebenso drehen sich die Winde eines Zyklons *nördlich* des Äquators im Gegenuhrzeigersinn, *südlich* des Äquators hingegen im Uhrzeigersinn.

Als ich so dort am Ufer lag und zu den Sternen und dem silberhellen Mond aufsah, begann ich über das Wunder der Erde nachzudenken, die in 24 Stunden eine volle Umdrehung – 38600 Kilometer – zurücklegt, und dies auf den Sekundenbruchteil genau! Und weiter dachte ich: »Während wir hier an dem stillen See sind und den vollkommenen Frieden genießen, treibt diese gleiche Kraft die Erde wie ein riesiges Raumschiff auf einer perfekten Rundreise alle 365 Tage einmal um die Sonne – mehr als *944 Millionen Kilometer pro Jahr!*«

...Nicht lange danach bestieg ich an einem Morgen um sieben Uhr in Des Moines, Iowa, ein Flugzeug. Ich sollte an jenem Abend in Toledo, Ohio, einen Vortrag halten. Kurz nach dem Start gerieten wir in ein Gewitter, und fürchterliche Windstöße rüttelten das zweimotorige Flugzeug arg durch. Als wir über Chicago ankamen, war ein dicker Nebel von den Großen Seen her über das Land hereingeweht worden, und die Sichtweite betrug praktisch null. Allen Flugzeugen wurde die Landeerlaubnis verweigert. Nachdem er über eine Stunde lang Kreise gezogen hatte, gab der Pilot durch, er habe Anweisung bekommen, nach Milwaukee auszuweichen. Als wir über dem Flugplatz ankamen, war der Nebel so dicht, daß wir erneut nicht landen konnten, und die nächste Anweisung lautete, direkt Toledo anzufliegen.

Aber dort war es noch schlimmer, und so versuchten wir es in Cleveland. Mit dem gleichen Ergebnis. Rund herum zuckten Blitze durch die Luft. Heftiger Donner erschütterte den Himmel. Unser Flugzeug flog weiter, aber niemand schien zu wissen, wohin.

Um sechs Uhr abends teilte der Pilot dem Flughafen mit, die Brennstoffvorräte seien bedenklich knapp geworden. Daraufhin gab man uns das Signal zum Anflug. Jedermann hielt den Atem an! Plötzlich holperten wir über den Boden, und schon standen wir vor dem Aufnahmegebäude des Flughafens Cleveland! Und was sich dann in diesem Flugzeug zutrug, das hatte ich noch nie zuvor erlebt – und auch niemals mehr danach. Wie auf ein Kommando hin begannen alle vierundzwanzig Passagiere zu klatschen! Und es war ein ganz anderer Applaus, als ich ihn je zuvor gehört hatte... Ich glaube, wir beteten alle; was wir sagten, war weder ein *»Gott sei Dank!«* noch ein *»Dankeschön!«* für den Piloten.

An einer Snackbar ergatterte ich mir ein Sandwich und eine Tasse Kaffee. Und schon gab es ein Flugzeug Richtung Westen – der Nebel hatte sich etwas gelichtet –, und ich bekam einen Platz. Ich kam gerade rechtzeitig für den Beginn meines Vortrages in Toledo an. Drei Männer erwarteten mich auf dem Flugplatz. Sie hatten dort stundenlang ausgeharrt.

Auf dem Weg zur Scott High School, wo ich meinen Vortrag halten sollte, erzählten mir die drei Männer die folgende, wirklich außergewöhnliche Geschichte:

›Gil‹ Dittmer, ein bekannter Mann in der Versicherungsbranche und der Organisator des Abends, gab um fünf Uhr in seinem Haus eine Cocktail-Party zu meinen Ehren. Natürlich hätte auch ich dort sein sollen. Zwölf Vorstandsmitglieder der Organisation feierten fröhlich, weil mein Vortrag von der Beteiligung her ein voller Erfolg zu werden versprach und weil sie alle hart dafür gearbeitet hatten. Aber mit der Zeit trafen immer mehr Schreckensnachrichten von den drei Männern am Flugplatz ein. »Ein Flugzeug ist in Indiana abgestürzt!« meldeten sie, »und Frank Bettgers Flugzeug ist in großen Schwierigkeiten!« Später kamen sogar Gerüchte auf, mein Flugzeug werde vermißt, und daraufhin entwikkelte sich die Cocktail-Party zu einer wahren *Gebetsstunde!*

»Einige dieser Gebete«, so erzählten sie mir später, »müssen zum Phantastischsten gehört haben, was Gott je gehört hat, aber wir waren davon überzeugt, daß er uns erhören würde, denn ernstere und aufrichtigere Gebete waren noch nie zuvor gen Himmel gestiegen!« Und ein Mann fügte hinzu: »Einige dieser Gebete kamen von Männern, die seit Jahren nicht mehr gebetet hatten!«

Ich kann ›Cocktail-Party-Gebetsstunden‹ nicht empfehlen... aber ich muß zugeben, daß ich mich durch die eine, eigens für mich ›organisierte‹ auf alle Zeiten sehr geehrt fühlen werde!

...Nun lassen Sie mich etwas über meine Gedanken erzählen, die ich mir dort oben in diesem Flugzeug gemacht hatte. Zeit zum Nachdenken hatte ich ja genug. Geschlagene elf Stunden lang! Während der schlimmsten Zeit des Fluges hatte ich für mich ganz allein eine kleine Gebetsstunde abgehalten! Dabei schien ich vor allem zuzuhören, aber ich hörte nichts. Und doch schien da eine Botschaft zu mir durchzukommen, so deutlich, als ob ich sie hören würde! Sie war in Form von Fragen gekleidet, die ungefähr so lauteten:

...»Erinnerst du dich an die Nacht am Ufer des Lake Mead in Nevada, als du den Rauch entdecktest, der sich von rechts nach links in den Himmel schraubte?... Und wie dir klar wurde, daß die große Kraft, die diese Bewegung lenkt, die gleiche Kraft ist, welche auch die Bahnen der Sonne, der Sterne, der Erde und der andern Planeten lenkt?...

Daß Gott diese Kraft schuf und die Gesetze, und daß er alle Dinge auf dieser Erde lenkt. *Er* hat den einzigen *Hauptplan.* Und *diese* Gesetze wird kein Mensch jemals widerrufen können… Erinnerst du dich?

Weißt du, daß es da ein anderes großes Gesetz gibt – geschaffen von dieser gleichen Kraft –, die das Schicksal des Menschen lenkt –, das *Gesetz von Richtig und Falsch?* –, und daß der Mensch auch dieses Gesetz niemals widerrufen kann?

Als du in das Baseball-Stadion einzogst und Billy Sundays Hand nahmst, trafst du, ohne es zu wissen, eine große Entscheidung: dein Leben dieser *Großen Kraft* unterzuordnen…

Seit jenem Tag sind dem niedergeschlagenen Baseballspieler, den ein kleiner Bastard von der Brücke in Chattanooga, Tennessee, weggeholt hatte, einige wunderbare Dinge widerfahren.«

Dies waren ein paar der Gedanken, die mir immer wieder durch den Kopf gingen, während wir in dreitausend Metern Höhe durchgeschüttelt wurden. Hatte ich Angst? Oder machte ich mir Sorgen? Ob Sie es glauben oder nicht – nein! Ich empfand ein merkwürdiges Gefühl der Sicherheit. Ich hatte eine *Aufgabe* zu erledigen. *Diese Aufgabe.* Und ich glaubte, es würde mir gestattet werden, sie zu vollenden. Das glaubte ich. Ich *wußte* einfach, daß ich dieses Flugzeug lebend verlassen würde!

Als ich mit allen anderen Passagieren ein *»Dankeschön!«* klatschte, tat ich es nicht, weil die Angst verflogen und ich noch am Leben war. Ich sagte *»Dankeschön!«*, weil ich entdeckt hatte, daß mein Glaube so felsenfest war. Ich hatte die große universelle *Kraft des Glaubens* erlebt!

Ein anderer begeisternder Freund von mir war Ralph Spaulding Cushman, und sein Gedicht entsprang aus dem Innern seiner tief gläubigen und freudigen Natur. Es trägt den Titel »Geheimnis«, und es beschreibt in der Tat ein grundlegendes Geheimnis des Lebens, und obendrein eins, das jedermann erfahren kann:

Ich traf Gott am frühen Morgen,
als der Tag noch frisch und rein;
Sein Erscheinen glich der Sonne,
brachte Licht ins Herz hinein.

Stund' um Stund' blieb Er bei mir,
hielt den ganzen Tag Einkehr;
und wir segelten in Stille
durch ein aufgepeitschtes Meer.

Andre Schiffe kämpften bitter,
kamen in die größte Not.
Doch die Winde, die sie jagten,
brachten Frieden unserm Boot.

Dann dacht' ich an andre Morgen;
tiefe Reue ich empfand,
denn wenn ich die Segel hißte,
ließ ich Ihn zurück an Land.

Und nun kenn' ich das Geheimnis,
das so tief verborgen lag:
Du mußt Ihn am Morgen suchen,
dann bleibt Er den ganzen Tag.

Dale Evans Rogers hat ihr eigenes Geheimnis für die Freude und Begeisterung, die sie in ihrem Leben trotz manch harter Erfahrung erlebt hat. Sie sagt:

> Beten! Ohne könnte ich nicht leben; ich wäre ein Dutzendmal gestorben, hätte ich nicht das Glück gehabt,

mit Gott darüber sprechen zu können und dadurch von ihm Kraft zu bekommen.

Wie können wir den Geist und Willen Gottes kennen? Wie können wir seinen Plan für unser tägliches Leben kennen? Darüber zu entscheiden ist äußerst schwierig, wie alle wichtigen Entscheidungen schwierig sind.

Ich glaube, man kommt am besten zur richtigen Entscheidung, wenn man zuerst davon betet und alles in Gottes Hand legt.

Dann sollte man darüber schlafen. Ich glaube, wenn man dann am folgenden Morgen aufsteht, wird die erste Lösung, die einem einfällt, die richtige sein – vorausgesetzt, daß man vollkommenes Vertrauen in Gottes Führung hat.

»Wer bittet, soll aber voll Glauben bitten und nicht zweifeln; denn wer zweifelt, ist wie eine Welle, die vom Wind im Meer hin und her getrieben wird.« (Jakobus 1,6)

Bitten wir voll Glauben um Gottes Hilfe, und unsere Entscheidung wird richtig sein. Ich finde es aus Erfahrung unklug, wichtige Entscheidungen am Ende des Tages zu treffen, wenn wir abgekämpft und müde sind. Aber wenn wir einmal entschieden haben, dürfen wir nicht zurückblicken wie Lots Weib. Dann müssen wir im Glauben handeln, daß Gott uns die Antwort gegeben hat – und wissen, daß nur Gutes daraus hervorgehen wird.

Da das Gebet ein fundamentales Mittel ist, mit den Problemen des Lebens fertigzuwerden, und da es eine Quelle von Weisheit, Frieden und Freude darstellt, habe ich die neun Schritte des Gebetes erprobt, wie sie mein Freund Dr. Charles L. Allen ausgearbeitet hat. Und diese neun Schritte helfen wirklich, wenn man sie übt:

Um möglichst viel durch das Gebet zu bewirken, empfehle ich, die folgenden neun Schritte zu beachten.

Drei Schritte sind *vor* dem Beten zu tun:

1. Überlege dir, was du wirklich willst. Lege dir im Geist klar zurecht, worum du im Gebet bitten willst.

2. Versuche zu bestimmen, ob das, was du willst, richtig ist oder nicht. Frage dich zum Beispiel: Ist das allen andern Beteiligten gegenüber gerecht? Ist es das Beste für mich? Steht es im Einklang mit Gottes Geist?

3. Schreib es auf. Wenn wir unsere Wünsche schriftlich festhalten, können wir unser Denken klären und die Eindrücke auf unsern Geist und unser Herz vertiefen.

Dann kommen die drei Schritte, die *während* des Betens zu tun sind:

1. Halte den Geist in Ruhe. Wie der Mond sich im unruhigen Meer nicht in Vollkommenheit spiegeln kann, so können wir Gott nicht in einem unruhigen Geist erfahren. »Laßt ab und erkennt, daß ich Gott bin« (Psalmen 46,11). An diesem Punkt müssen wir uns zusammennehmen, daß unsere Gedanken nicht abschweifen.

2. Sprich *mit* Gott, nicht *zu* Gott. Anstatt mit Samuel zu sagen »Rede, denn dein Diener hört« (1. Samuel 3,10), sagen wir gern: »Höre, Gott, denn dein Diener redet.« Beten heißt Reden und Zuhören.

3. Bringe vor Gott, was du selber zu tun gedenkst, um auf dein eigenes Gebet zu antworten. Gott beantwortet Gebete, nicht für dich, aber mit dir. Jesus vollbrachte viele seiner Wunder, indem er der Person, die Hilfe brauchte, etwas zu tun gab. Wenn du betest, suche nach den Dingen, die du selber tun kannst.

Dann gibt es drei Schritte, die *nach* dem Beten zu tun sind:

1. Vergiß nie, Gott dafür zu danken, daß er auf dein Gebet geantwortet hat. Du würdest doch gar nicht beten, wenn du nicht glaubtest, Gott würde dir antworten. Bekräftige nun diesen Glauben, indem du ihm für die Antwort dankst, auch wenn du sie noch nicht bekommen hast.

2. Sei bereit, Gottes Antwort zu akzeptieren, wie immer sie auch ausfallen mag, und denke an die Worte unseres Herrn »...Aber nicht mein, sondern dein Wille soll geschehen.« (Lukas 22,42)

3. Tu alles mit Liebe, was dir in den Sinn kommt. Ein Ziel des Gebetes ist es, die Liebe Gottes in unsere Herzen zu bringen; und wenn wir diese Liebe zum Ausdruck bringen, geben wir Gott die Möglichkeit, unsere Gebete besser zu beantworten.

Und es ist zu unserem Vorteil, wenn wir uns der beruhigenden Worte aus den Psalmen (145,18) erinnern, vor allem, wenn die Dinge sich zum Schlechten wenden:

»Der Herr ist allen, die ihn anrufen, nahe, allen, die zu ihm aufrichtig rufen.«

Diese Zusicherung hält Ihren Glauben aufrecht, selbst wenn nagende Zweifel auftauchen, ob Gott wirklich da ist und zuhört. Helen Steiner Rice hat dies vortrefflich formuliert:

Gott, bist du da?

Ich bin HIER, weit unten!
Du bist DORT, hoch oben!
Bist du sicher, daß du mein
leises, stockendes Gebet hörst?
Ich selbst bin so unsicher,

wie ich richtig beten soll.
Um die Wahrheit zu sagen, Gott,
ich weiß nicht, was ich sagen soll...
Ich weiß einfach, daß ich einsam bin
und leicht beunruhigt,
verwirrt und ruhelos,
durcheinander und verstört...
Und man sagt mir, Beten helfe
den Geist zu beruhigen
und die Seele zu entlasten,
denn in der Stille finden wir
eine neue Sicherheit,
daß JEMAND SICH SORGT
und daß JEMAND ANTWORT GIBT
auf jedes kleine, ernste Gebet!

Offensichtlich haben die Menschen ihre Gedanken und Gebete an die Große Gottheit gerichtet, die sie im Aufbau der Welt, in ihrer Schönheit, in der Kraft und Majestät der Natur erkannten. Und aus dieser Quelle schöpften sie die Stärke und Kraft für ein großartiges Leben. Etwas von diesen Gedanken zeigt sich im folgenden Gebet, das von einem Chippewa-Indianer stammt:

O Großer Geist, dessen Stimme ich in den Wäldern höre und dessen Atem der ganzen Welt Leben schenkt, erhöre mich. Ich bin ein Mensch vor dir, eines deiner vielen Kinder. Ich bin klein und schwach. Ich brauche deine Stärke und Weisheit. Laß mich in Schönheit wandeln, und laß meine Augen stets den Untergang der roten und purpurnen Sonne blicken. Gib, daß meine Hände die Dinge respektieren, die du geschaffen hast, und schärfe meine Ohren, damit sie deine Stimme hören. Gib mir Weisheit, die Dinge zu kennen, die du mein Volk gelehrt hast, die Lektionen, die du in jedem Blatt und Stein verborgen hast. Ich suche Stärke, o Großer Geist meiner Väter – nicht um meinen Brüdern überlegen zu sein, sondern um meinen größten Feind zu bekämpfen, mich.

Gib, daß ich stets bereit bin, mit reinen Händen und klarem Auge vor dich zu treten, damit mein Geist ohne Scham zu dir kommen darf, wenn das Leben wie ein verblassender Sonnenuntergang schwindet.

Die erhabenen Einsichten im Gebet dieses Indianers kommen auch in einem mittelalterlichen Gebet zum Ausdruck, dessen Verfasser mir nicht bekannt ist:

Allmächtiger Gott, Vater, Sohn und Heiliger Geist,
der du die Kraft, Weisheit und Liebe bist, erwecke diese drei Dinge auch in uns:

Kraft, dir zu dienen,
Weisheit, dir zu gefallen,
und Liebe, deinen Willen zu erfüllen;
Kraft, daß ich tun kann,
Weisheit, daß ich weiß, was ich tue,
und Liebe, die mich dazu bewegt,
alles zu tun, was dir gefällt.

Wenn wir in Gebeten und religiösen Texten nachlesen, finden wir unablässig diesen geistigen Aufwind, der sich durchsetzt, und es sind unweigerlich jene Menschen, die sich dem tiefen, verinnerlichten Beten widmen, die Freude, Frieden und Begeisterung ausstrahlen. Alles scheint darauf hinzuweisen, daß zwischen der Liebe und dem täglichen Leben mit Gott einerseits und der Beschaffenheit des Glücks andererseits ein enger

Zusammenhang besteht. Rufus M. Jones, einer der herausragenden geistigen Führer unserer Zeit, geht sogar so weit, daß er behauptet, die Gemeinschaft mit Gott sei die Lösung all unserer Probleme:

Lebende Gemeinschaft

Die Lösung all unserer Schwierigkeiten und Probleme liegt – so behaupte ich – im Finden lebendigerer Arten, in Gemeinschaft mit Gott zu leben. Es wäre gut für uns, weniger zu reden, weniger Worte, Argumente und Fragen zu benutzen, auch das Formelle und Automatische zu beschränken, und dafür die lebendige, stille, eindringliche Gemeinschaft der Anbetung wesentlich zu stärken, über die Whittier das großartige Wort schrieb, dessen Bedeutung er selbst erlebt hatte:

»Ohne Worte zu sprechen, stahl sich der leise Atem eines göttlicheren Lebens von Seele zu Seele und taufte das Ganze in einem einzigen, innigen Gedanken.«

Und Louis Cassels schreibt zum gleichen Thema:

Diese beherzte Christin, die heilige Teresa von Avila, spricht von »der dunklen Nacht der Seele«. Dabei bezog sie sich auf eine Erfahrung, die jeder Mensch macht, der mehr als nur ein paar Schritte auf dem Weg des Christentums geht. Die herkömmliche Bezeichnung für diese Erfahrung lautet ›Zweifel‹. Aber in diesem Zusammenhang hat das Wort eine besondere Bedeutung.

Es bedeutet nicht notwendigerweise, daß man sich in intellektuelle Zweifel über die Existenz Gottes stürzt. Es bedeutet vielmehr, daß man sich plötzlich eines Gefühls seiner Anwesenheit beraubt fühlt, das einem bis jetzt sehr wirklich vorgekommen ist. Es ist das Gefühl eines akuten, ja schmerzlichen Verlustes.

Was ist diese »dunkle Nacht der Seele?« Sie kann einfach Ausdruck einer großen geistigen, emotionalen oder physischen Müdigkeit sein. Sie kann daher rühren, daß man seinen Geist zu weit abschweifen läßt von den Dingen, die wirklich wichtig sind, und sich zu sehr mit den Sorgen und Vergnügungen des Alltagslebens abgibt. In einigen Fällen aber scheint es Gott selbst zu sein, der das Bewußtsein seiner Anwesenheit absichtlich von jenen nimmt, die gewohnt sind, an ihm Halt zu finden.

Warum tut Gott das? George Macdonald vermutete: »Er will uns nach seinem Vorbild machen, daß wir das Gute wählen, das Böse meiden. Wie kann er dies tun, wenn er uns *immer*, in göttlichen Abständen, von innen zur Schönheit der Heiligkeit lenkt?« Mit andern Worten, Gott zieht sich zurück, um uns die Freiheit zu geben, erneut zu wählen, ob wir ihm vor allen andern Dingen folgen wollen.

Was kann ein Mensch tun, wenn er bemerkt, daß seine Gebete von Wänden und Decke zurückhallen? Macdonald rät: »Verschränke die Arme deines Glaubens und warte ruhig ab, bis wieder Licht in deine Dunkelheit kommt. Verschränke die Arme deines Glaubens, sage ich, nicht aber die deiner Taten. Denke dir etwas aus, was du tun solltest, und dann gehe hin und tue es. Achte nicht auf dein Gefühl. Tue deine Arbeit«

Ein Grund, daß Gebet und Glaube in ihrem Aufwind Freude mitbringen, ist vielleicht ihre kraftvolle Wirkung bei Krankheit und Leiden. Einige Verse aus dem Jakobusbrief (5,13–16) befassen sich damit:

»Ist einer von euch bedrückt? Dann soll er beten. Ist einer

fröhlich? Dann soll er ein Loblied singen. Ist einer von euch krank? Dann rufe er die Ältesten der Gemeinde zu sich; sie sollen Gebete über ihn sprechen und ihn im Namen des Herrn mit Öl salben. Das gläubige Gebet wird den Kranken retten, und der Herr wird ihn aufrichten; wenn er Sünden begangen hat, werden sie ihm vergeben. Darum bekennt einander eure Sünden, und betet füreinander, damit ihr geheilt werdet. Viel vermag das inständige Gebet eines Gerechten.«

Ich habe die Angewohnheit, Geschichten zu sammeln, die ich irgendwo lese, und schon viele von ihnen haben einen guten Zweck erfüllt, um andern Menschen zu helfen. Die folgende Geschichte handelt von drei jungen Männern, welche die erhebende Wirkung von Gebet und Bibel auf den Geist am eigenen Leib erfuhren, ihr eigentlich sogar das Leben zu verdanken hatten. Sie stammt aus der Feder von Robert Trumbull:

(Anfang 1942 verschlangen die Amerikaner mit Stolz und Bewunderung die kurzen Zeitungsmeldungen über drei Navy-Flieger, die vierunddreißig Tage lang in einem Gummifloß ohne Essen und Ausrüstung, eine Zeitlang sogar ohne Kleider, gegen die See ankämpften und schließlich schwach und erschöpft auf einer fremden Insel landeten.)

Gegen Abend saßen wir drei in mutloser Stille da. Dann machte Gene einen Vorschlag.

»Vielleicht wäre es kein schlechter Gedanke, wenn wir beten würden«, meinte er, ohne uns in die Augen zu schauen.

Wir unterhielten uns ernsthaft über diese Idee. Wir stellten fest, daß wir alle in einer mehr oder weniger religiösen Umwelt aufgewachsen waren, aber daß wir uns alle davon entfernt hatten. Es war viele Jahre her, daß ich zum letzten Mal eine richtige Kirche besucht hatte; ich nahm zwar manchmal an Bord am Sonntagsgottesdienst des Schiffskaplans teil, wenn mein Dienst es zuließ und ich nicht an Land ging.

Wir kamen alle zum Schluß, ein paar Worte des Gebetes könnten nicht schaden.

So saßen wir also in der kleinen dampfenden Nußschale, die einmal unser Boot gewesen war, und senkten unsere Köpfe unter der grausamen Tropensonne. Jeder murmelte ein paar Worte seiner eigenen, ungelenken Wahl, die Gott baten, unsere Lieben zu Hause zu segnen, um die wir uns mehr Sorgen machten als um uns selbst, und wir baten um ein bißchen Regen.

Wir waren alle ziemlich skeptisch, was die Antwort auf unser Beten betraf.

»Tja, nun haben wir alles getan, was wir tun können«, sagte Tony.

»Ach, wart doch erst mal ab«, gab Gene ungeduldig zurück. Ich schöpfte aus meinem Vorrat an Sprichwörtern.

»Hilf dir selbst, so hilft dir Gott«, zitierte ich.

»Nun, komm schon, Regen«, rief Tony herausfordernd. »Oder vielleicht regnet es nie, nie mehr.«

Dabei dachte er wohl an ein altes Lied mit ähnlichen Worten. Voller Lust erhoben wir unsere Stimmen und sangen dieses Lied über den Regen, so weit uns der Text noch einfiel – und das war nicht sehr weit –, als ob wir durch unseren falschen Zynismus die Elemente mit einem Gegenzauber belegen könnten.

Nun hatten wir wenigstens alle wieder einmal etwas zu lachen, das erste Mal seit einiger Zeit.

Trotz unserer großen Respektlosigkeit war nicht in Abrede zu stellen, daß wir uns seit dem Gebet wesentlich besser fühlten. Gene, der von Natur aus frommer war als Tony oder ich, war augenscheinlich zufrieden. Sein Geist war nun offenbar rein von Sorgen oder Selbstvorwürfen.

In jener Nacht regnete es.

Wir sammelten uns nochmals zum Gebet in jener Nacht, und von da an jeden Abend. Jeden Abend, nachdem der feurige Untergang der Sonne uns mit dem Gefühl zurückließ, in einer Welt, die plötzlich alle Farben verlor, noch einsamer zu sein als sonst, widmeten wir vielleicht eine Stunde unserem ziemlich formlosen Gottesdienst. Es war ein Trost, unsere Last jemandem aufzubürden, der in dieser öden Weite größer war als wir. Außerdem brachte uns diese gemeinsame Verehrung näher zusammen, denn es schien, als ob wir nicht mehr allein gegenseitig aufeinander angewiesen wären, sondern als ob wir uns nun gleichzeitig an einen vierten wenden könnten, den wir alle drei in gleichem Maße verehrten.

Nach unseren stockenden Gebeten – weder Gene noch ich kannten uns in den Formalitäten der Religion aus, und Tony konnte nur auf Polnisch beten – entwickelte sich auf ganz natürliche Weise diese ›Stunde der Gemeinsamkeit‹, wie sie jeder kennt, der einmal eine protestantische Sonntagsschule besucht hat.

Wir sangen ein- oder zweimal ein paar bekannte Lieder. Ich konnte mich nur an alte erinnern. Ich war in den letzten zehn oder fünfzehn Jahren sehr selten einmal tanzen gegangen, und die neueren Lieder kann ich mir nicht merken. Die Lieder, die mir bekannt waren, hatten die beiden andern noch nie gehört, und die neueren, die sie singen konnten, kannte ich nicht. Wir schafften es aber dennoch, uns für zwei oder drei Lieder zusammenzuraufen, und das verlieh uns Mut und Aufschwung.

Erst später wurde mir allmählich klar, wie wenig wir aus der Bibel wußten. Eines Abends erzählte ich nach unserem Gebet noch eine Bibelgeschichte. Sinnigerweise war es das Wunder der fünf Brote und zwei Fische.

Die Jungs mochten die Geschichte. Ich war in einer Konfession erzogen worden, in der regelmäßig Sonntagsschule gehalten wurde, und so waren mir noch viele Geschichten in Erinnerung. Natürlich erzählte ich sie in meinen eigenen, improvisierten Worten. Ich war seit vielen Jahren nicht mehr in der Kirche gewesen, und man kann sich wohl leicht vorstellen, wie gut ich mich an die Geschichten erinnern konnte, die ich als Junge gehört hatte. Seit 1923, als ich nach meiner ersten Fahrt auf Heimurlaub war, hatte ich keine Kirche mehr betreten. Und beim Gottesdienst an Bord, den ich gelegentlich besuchte, gab es alles mögliche, nur keine Bibelgeschichten.

Meine religiöse Erziehung war so gewesen, daß ich nun alle Lieblingsgeschichten aus der Bibel wiedergeben konnte, wenn auch nicht wörtlich. Auch Gene erinnerte sich an ein paar Geschichten, konnte sie aber nicht erzählen. Er pflegte sich eine auszudenken, und dann war es an mir, sie zu erzählen.

Tony hatte zuvor noch nie etwas von diesen Dingen gehört. In seiner Kirche waren alle Gottesdienste in Polnisch – oder Latein. Selbst die bekanntesten Bibelgeschichten waren ihm neu. Er bat mich jeden Abend, ihm noch mehr zu erzählen.

Nun, ich wollte ihm natürlich nicht alles, was ich kannte, in einer Nacht erzählen, und so erzählte ich jeden Abend eine Geschichte. Und das hielten wir so bis zum Ende.

Ich fand meine Erinnerungen an die Bibel in den letzten sieben oder zehn Tagen sehr hilfreich, als wir alle immer mehr begannen, über unsere Lage nachzudenken. Eines meiner schlecht erzählten Gleichnisse holte uns aus unserer Niedergeschlagenheit zurück und löste ein Gespräch aus, das uns unsere schlechte Lage für eine gewisse Zeit vergessen ließ.

Wie oft wünschte ich mir, wir hätten einen Pfarrer bei uns, oder wenigstens jemanden, der sich in der Bibel gut auskannte. Die Worte, die ich wählte, hätten einen Theologiestudenten bestimmt schockiert.

Schließlich landeten wir über ein bizarres und gefährliches Riff hinweg am Strand einer Insel. Der zuständige Kommissar war neugierig, wie es uns auf diesen Teil der Insel verschlagen hatte. Waren wir zu Fuß dorthin gegangen? Wir drehten uns nur um und deuteten aufs Meer hinaus. Er war verblüfft. Das sei unmöglich, meinte er! Er konnte nicht glauben, daß wir vom Meer her an diesen Strand gespült worden waren. Noch niemand war je über dieses Riff gekommen und hatte lange genug überlebt, um es zu erzählen!

Nun war es an uns, verblüfft zu sein. Aber nachdem wir überraschte Blicke getauscht hatten, deuteten wir auf unser kleines Rettungsboot, das am Pfahl neben der Hütte festgebunden war.

Insgesamt hatten wir rund 1600 Kilometer in diesem Boot zurückgelegt, und von dem Punkt, an dem unser Flugzeug abgestürzt war, bis zu dieser Insel waren es ungefähr 1200 Kilometer.

Freude ist ein grundlegendes Element in den Lehren Jesu.

»Dies habe ich euch gesagt… damit eure Freude vollkommen wird.« (Johannes 15,11).

Er wußte, Freude »tut dem Leib wohl« (Sprüche 17,22), und er war ein Lehrer jener Haltungen und Gedanken, die Freude und Begeisterung mit sich bringen.

So verdient der Rat des frühchristlichen Schriftstellers und Gelehrten Hermas beachtet zu werden:

Leg die Traurigkeit von dir ab, denn die Traurigkeit ist wahrlich die Schwester von Halbherzigkeit und Bitterkeit. Schmücke dich mit Freude, die in den Augen Gottes stets Wohlwollen findet und von ihm gern gesehen wird. Ja, schmücke dich mit ihr. Denn jedermann, der voller Freude ist, arbeitet und denkt die Dinge, die gut sind, und er verachtet die Traurigkeit. Aber er, der traurig ist, tut immer das Schlechte; erstens weil er den Heiligen Geist traurig macht, der dem Menschen zur Freude gegeben wurde; und zweitens weil er gesetzlos handelt, indem er weder zu Gott betet noch ihm dankt. Deshalb reinige dich von dieser bösen Traurigkeit, und du wirst mit Gott leben. Ja, in Gott werden alle leben, die die Traurigkeit von sich abgelegt und sich mit aller Freude geschmückt haben.

7. KAPITEL

Bauen Sie Ihren Geist immer wieder auf

Frank Bettger schreibt:

> Fassen Sie den festen, ernsten Entschluß, den Enthusiasmus, den Sie bisher in Ihr Leben und in Ihre Arbeit gelegt haben, zu verdoppeln!... Wenn Sie diesen Entschluß verwirklichen,... dürfen Sie mit erstaunlichen Resultaten rechnen. Er wird Ihr Einkommen und Ihr Lebensglück wahrscheinlich verdoppeln.
>
> »Wenn du deinem Sohn oder deiner Tochter nur ein einziges Geschenk machen kannst, dann laß es Begeisterung sein!«
>
> BRUCE BARTON

Das ist ein kluger Rat. Bruce Barton, einer der führenden Werbefachleute der USA, beeinflußte seinerzeit durch seine Bücher und Reden die Haltung und damit das Leben von Tausenden von Menschen. Er wußte, wie wichtig die Begeisterung als eine Art geistiges und seelisches Feuer ist, das die negativen Einstellungen ausräuchert und es ermöglicht, daß sich positive Einstellungen durchsetzen und dominant werden. Er glaubte an den konstanten Aufbau und die Erneuerung des Geistes.

Und ich bin sicher, daß der Mann, der als der weiseste aller

Amerikaner bezeichnet wurde, mit dieser hohen Einschätzung der Begeisterung einverstanden wäre, denn Ralph Waldo Emerson sagte einst:

> Ohne Begeisterung ist niemals etwas Großes geschaffen worden.

Aber die Begeisterung kann nachlassen, sofern nicht ständig in reichlichem Maße Freude vorhanden ist. Denn Begeisterung lebt von der Freude. Doch da lauern immer Schwierigkeiten, Frustrationen und Mißerfolge darauf, Ihrer Freude zu schaden und die Begeisterung zu untergraben. Ella Wheeler Wilcox, deren Gedichte Millionen von Menschen erfreut und inspiriert haben, sagt dazu folgendes:

> Das Schicksal spielte mir übel mit, aber ich blickte mich um und lachte, damit niemand merken sollte, was für eine bittere Pille ich schlucken mußte. Und da kam die Freude, hielt neben mir inne und sagte: »Ich kam zu sehen, worüber du lachst.«

Albert E. Cliffe bestätigt dies mit den Worten:

> Du weißt, daß du dich manchmal durch deine Gedanken in Unglück und Niedergeschlagenheit hineinmanövrierst. Weißt du aber, daß du dich auch in Frohsinn hineindenken kannst? Wenn du so denkst, wird es dir besser gehen, wirst du aufblühen, werden deine Gebete stets erhört werden. Werde Herr deines Denkens. Denk nicht mehr darüber nach, wie hart das Leben dir mitspielt, denk nicht mehr über die Zukunft und die Vergangenheit nach, denke an Gottes Reichtum und Liebe, versuche, jeden Tag solche Gedanken auszudrücken. Und aus dir wird werden, was immer du denkst.

Interessant ist auch, was Emily M. Bishop in ihrem Buch *The Road to Seventy Years Young* über die Entwicklung und den Aufbau von Freude und Begeisterung sagt:

> Das beste geistige Tonikum für die lebenswichtigen Vorgänge sind Fröhlichkeit und Mut. Nicht ›Anfälle‹ von glücklicher Zuversicht, die durch ›Anfälle‹ von Zweifel, Furchtsamkeit und giftgeladener Angst mehr als zunichte gemacht werden, sondern *eine gewohnheitsmäßig fröhliche und mutige Einstellung.* Zugegeben, Denken und Fühlen sind nicht absolut willkürliche Vorgänge, aber es liegt im Bereich der Willenskraft, jene Gedanken und Gefühle auszusuchen, die freundliche Ermutigung in sich bergen.

Vor vielen Jahren lebte in der englischen Grafschaft Cornwall ein Prediger namens Billy Bray, der sich John Wesley anschloß. Er war ein Mann mit kraftvollem Geist, der aus dem harten Leben in den Zinnhütten hervorgegangen war. Wenn er hörte, wie jemand eine lange Geschichte über Sorgen und Probleme erzählte, bemerkte er in seiner ureigenen, unnachahmlichen Art: »Auch ich habe Versuchungen und Schwierigkeiten erlebt. Der Herr hat mir sowohl Essig als auch Honig gegeben, aber er hat mir den Essig mit dem Teelöffel, den Honig hingegen mit der Schöpfkelle gereicht.«

Margaret E. Sangster drückte den Geist, der in diesem Prediger aus den Minen in Cornwall lebte, in fröhlichen Worten aus. Sie betrachtete unsere Welt als großartig und wunderbar, eine wahre Einsicht, die bestimmt mit der sogenannten Tiefgründigkeit wetteifert, die alles als schlecht – als sehr schlecht ansieht:

> Diese wunderschöne Welt! Dieses fröhliche Leben! Ich frage mich, ob wir so glücklich und leichtherzig sind, wie wir es

eigentlich sein sollten, wir Kinder, die sogar hier im Haus unseres Vaters leben. Die meisten von uns müssen nach durchlebter Jugend einen Geist von Zufriedenheit, vor allem aber von Frohsinn kultivieren und ihn zum bestimmenden Unterton unserer Tage erheben.

Merke, die Freuden überwiegen die Sorgen zahlenmäßig bei weitem. Obwohl letztere gelegentlich haufenweise auftauchen, sind sie doch Ausnahmen, und ob sie sich nun einzeln oder in Haufen bemerkbar machen, liegen dazwischen doch ruhige und friedliche Tage, Wochen, Monate und Jahre.

Einst fuhren meine Frau und ich mit einem eingeborenen Chauffeur für zwei Wochen in die Serengeti hinaus. In dieser Zeit waren wir vollkommen ohne Zeitungen, Radio und Fernsehen. Zunächst vermißten wir die Nachrichten sehr. Sind wir denn nicht Opfer dieser schnellebigen, atemlosen Medien? Doch nach ein paar Tagen schon sagten wir: »Was soll's?«, und gegen Ende der zwei Wochen: »Vollkommen egal!« Als wir dann nach vierzehn Tagen wieder in die Stadt zurückkehrten und die Zeitung lasen, mußten wir feststellen, daß sich die Nachrichten trotz großer Schlagzeilen, abgesehen von ein paar Einzelheiten, nur unwesentlich von den zwei Wochen älteren Nachrichten unterschieden.

Die vierzehn Tage bei den Impalas, Elefanten, Giraffen, Gnus und Löwen der Serengeti hatten in uns etwas sehr Tiefes und Stilles, ja vielleicht sogar Philosophisches bewirkt. Die Verbindung mit Gottes Kreaturen hatte unserer inneren Freude und Begeisterung starken Auftrieb verliehen. Wir waren nicht einmal mehr so sicher wie zuvor, wer nun die bessere Zivilisation habe – der Mensch oder die Tiere.

Die sogenannten niedrigeren Kreaturen können in der Tat durch Intuition oder Instinkt der Wahrheit in tieferer Einsicht auf den Grund kommen. Mark Guy Pearse hat darüber ein Gedicht verfaßt:

Laß die Probleme ruhen, sie finden selbst sich ein,
du brauchst sie nicht zu suchen, sie kommen von allein.
Wer Angst hat, der wird nicht mehr an Gottes Seite sein;
Wofür Er sich verbürgt hat, Er läßt dir's angedeihn.

Die Vogelschar dich tadelt mit fröhlichem Gesang,
die Blumen raten, sorge dich nicht dein Leben lang.
»Sei fröhlich«, zirpt der Sperling, »dein Vater nähret mich;
auch dich läßt Er nicht fallen, Er sorgt auch gut für dich.«

Die Blumen flüstern leise: »Es ist kein Grund zur Angst;
der Herr hat uns geschaffen, wie kommt es, daß du bangst?«
Drum laß die Sorgen ruhen, solang du Ruhe hast,
sonst fallen sie dir doppelt und dreifach gar zur Last.

Ausgezeichnet an diese Stelle paßt auch das ›Glaubensbekenntnis für Optimisten‹ von Christian D. Larsen:

1. Versprich dir selbst, so stark zu sein, daß nichts deinen Seelenfrieden stören kann.
2. Versprich dir selbst, mit jedem Menschen, den du antriffst, über Gesundheit, Glück und Wohlergehen zu sprechen.
3. Versprich dir selbst, allen Freunden das Gefühl zu geben, es sei etwas Besonderes an ihnen.
4. Versprich dir selbst, bei allem nur die positive Seite zu sehen und deinen Optimismus zu verwirklichen.
5. Versprich dir selbst, nur das Beste zu denken, nur das Beste zu arbeiten und nur das Beste zu erwarten.
6. Versprich dir selbst, dich über den Erfolg anderer ebenso begeistert zu zeigen wie über deinen eigenen.

7. Versprich dir selbst, die Fehler der Vergangenheit zu vergessen und auf die größeren Leistungen der Zukunft zu drängen.
8. Versprich dir selbst, allzeit freundlich und gefaßt zu bleiben und jedem Lebewesen, dem du begegnest, ein Lächeln zu schenken.
9. Versprich dir selbst, soviel Zeit auf die Besserung deiner selbst aufzuwenden, daß dir keine Zeit bleibt, andere zu kritisieren.
10. Versprich dir selbst, großmütig über Sorgen hinwegzugehen, über Zorn erhaben zu sein, Angst mit Stärke zu besiegen und zu glücklich zu sein, um Problemen überhaupt einen Platz einzuräumen.

Ihre Freude und Begeisterung können Sie am besten stärken und aufbauen, indem Sie den eigenen Problemen ausweichen und dafür die Last anderer Menschen mittragen helfen. Es ist überraschend, wie dies einen mit Freude erfüllen kann. Arnold Bennett drückte es wie folgt aus:

> Sorgen, Depressionen und Melancholie heilt man am besten, indem man bewußt vorangeht und versucht, mit seinem Mitgefühl einen andern Menschen aus seiner Trübsal zu befreien.

Und Helen Steiner Rice sagt:

> Je mehr du liebst, desto mehr siehst du ein:
> die Freunde sind gut, das Leben ist fein.
> Nur was man von sich geben mag,
> bereichert dich von Tag zu Tag.

Wenn wir uns also selbst weggeben, um von uns selbst loszukommen, indem wir einem weniger vom Glück begünstigten

Menschen helfen, erhalten wir dafür mindestens zwei prächtige Gegengaben: tiefe innere Freude und neue Begeisterung für das Leben und für die Menschen.

Es ist natürlich eine Tatsache, daß Liebe eine der elementaren Quellen des Glücks und der Lebensfreude ist. Wann immer der Mensch Liebe findet, wird er eine neue und aufregende Welt erleben und den Menschen, dem Schönen, allem, was irgendwo ihn bezaubern mag, mit neuer Empfindsamkeit begegnen können.

Vielleicht kennen Sie das Buch *Leb wohl, Mister Chips!* von James Hilton. Zahllose Menschen haben es mit einem lachenden, manchmal auch mit einem weinenden Auge gelesen. Mister Chipping (Chips), der köstliche Lehrer in der alten englischen Schule von Brookfield, wurde von jedermann geliebt, weil ihn die Liebe mit Freude erfüllte; aber er übertrug auch seinerseits die Freude auf alle, die dem Zauber seiner Persönlichkeit erlagen. Hier ein paar Ausschnitte aus dieser wirklich herzlichen Geschichte.

> ...seine Ehe war ein triumphaler Erfolg. Katherine eroberte Brookfield, wie sie Chips erobert hatte; sie war ungeheuer beliebt, bei den Schülern wie bei den Lehrern. Sogar die Frauen der Lehrer, die sich anfangs versucht gefühlt hatten, eifersüchtig auf ein so junges und reizendes Geschöpf zu sein, konnten ihrem Zauber nicht lange widerstehen.
>
> Das Bemerkenswerteste von allem aber war die Veränderung, die sie in Chips bewirkte. Bis zu seiner Verheiratung war er ein trockener und ziemlich farbloser Mensch gewesen, allgemein wohlgelitten und geachtet von Brookfield, aber keiner, der große Beliebtheit gewinnt oder große Zuneigung erweckt...
>
> Aber nun erst kam Liebe, die jähe Liebe von Knaben zu einem Mann, der gütig war, ohne weich zu sein, der sie gut

genug verstand, aber nicht zu gut, und dessen häusliches Glück ihn mit dem ihren verband. Er begann kleine Witze zu machen, von der Art, wie Schuljungen sie lieben – mnemotechnische Scherze und Wortspiele, die Gelächter hervorriefen und zugleich dem Geist etwas einprägten…

(Mr. Chips wird während des Ersten Weltkriegs aus dem Ruhestand an die Schule zurückgerufen, und als der Direktor von Brookfield stirbt, wird er »auf Kriegsdauer« dessen Nachfolger.)

Es war ganz und gar ein großer Erfolg. Auf eine geheimnisvolle Weise half er den Dingen auf, und alle wußten und fühlten es. Zum erstenmal in seinem Leben empfand er, daß er notwendig war, und zwar notwendig für etwas, das seinem Herzen am nächsten stand. Es gibt kein erhebenderes Gefühl auf der Welt, und es war endlich sein.

Er machte sogar neue Witze – über das Offizierstrainingskorps, über die Lebensmittelrationierung und die neuen Verdunkelungsgardinen gegen Luftangriffe, die an allen Fenstern angebracht werden mußten. Es gab eine geheimnisvolle Art von Fleischrollen, die an Montagen auf dem Speisezettel der Schule aufzutauchen begannen, und Chips nannte sie *»abhorrendum«* – »wert, verabscheut zu werden«. Die Geschichte machte die Runde: Habt Ihr schon Chipsens Neuesten gehört?…

Gelächter… Gelächter… Wo immer er hinkam und was immer er sagte – es wurde gelacht. Er hatte sich den Ruf eines großen Spaßmachers erworben, und man erwartete Späße von ihm. So oft er sich erhob, um an einer Zusammenkunft eine Rede zu halten, oder auch wenn er nur über einen Tisch hinweg sprach, bereiteten die Leute ihren Geist und ihr Gesicht auf einen Witz vor. Sie lauschten in einer zur Erheiterung bereiten Stimmung, und es war leicht, die zu befriedigen. Sie lachten manchmal, bevor er noch zur

Pointe kam. »Der alte Chips war groß in Form!« sagten sie nachher. »Wundervoll, wie er immer die komische Seite der Dinge zu sehn vermag...«

(Als er wieder in den Ruhestand tritt, unterhält er mit jetzigen ebenso wie mit ehemaligen Schülern Kontakte. Sie kommen zu ihm zum Tee, und er macht oft Besuche in Brookfield.)

Um ungefähr ein Viertel vor vier klingelte es, und Chips, der selber die Haustür öffnen ging (was er nicht hätte tun sollen), sah sich einem sehr kleinen Jungen gegenüber, der eine Brookfieldmütze und eine Miene ängstlicher Schüchternheit trug. »Bitte, Sir«, begann er, »wohnt hier Mister Chips?«

»Mpf – Sie sollten lieber hereinkommen«, antwortete Chips, und einen Augenblick später, in seinem Zimmer, fügte er hinzu: »Ich bin – mpf – der, den Sie suchen. Also, was kann ich – mpf – für Sie tun?«

»Man sagte mir, Sie hätten mich rufen lassen.«

Chips lächelte. Ein alter Witz, ein alter Aufsitzer. Und er, gerade er, der in seinem Leben so viele alte Witze verbrochen hatte, er durfte sich nicht beklagen. Es machte ihm sogar Spaß, ihren Witz sozusagen mit einem eigenen zu übertrumpfen, sie sehn zu lassen, daß er sich auch heute noch nicht unterkriegen ließ. Und so sagte er mit zwinkernden Augen: »Ganz recht, mein Lieber, ich ließ Sie rufen, damit Sie mit mir Tee trinken. Wollen Sie sich nicht – mpf – ans Kaminfeuer setzen – mpf – ich erinnere mich nicht, Ihr Gesicht schon gesehen zu haben. Wie kommt das?«

»Ich kam eben erst aus der Krankenabteilung, Sir – ich war seit Trimesteranfang dort, mit Masern.«

»Ah, das erklärt die Sache.«

Chips begann sein gewohntes Ritual des Teemischens aus den verschiedenen Büchsen. Glücklicherweise fand sich eine halbe Nußtorte mit rosa Zuckerguß in der Anrichte. Er erfuhr, daß der Junge Linford hieß, in Shropshire zu Hause und der erste seiner Familie in Brookfield war. »Wissen Sie, Linford, Brookfield wird Ihnen gefallen – wenn Sie sich erst eingewöhnt haben. Es ist nicht halb so schrecklich – wie Sie es sich vorstellen. Sie fürchten sich ein bißchen davor – mpf – ja? – he? Das tat auch ich, mein lieber Junge – im Anfang. Aber das war – mpf – vor langer Zeit, vor dreiundsechzig Jahren – mpf – um genau zu sein. Als ich – mpf – das erste Mal in die Große Halle kam und – mpf – alle die vielen Buben sah – ich sage Ihnen – da war ich ganz verschreckt. Wahrhaftig – mpf – ich glaube nicht, daß ich in meinem ganzen Leben je so verschreckt war. Nicht einmal, als – mpf – die Deutschen uns mit Bomben bewarfen – während des Krieges. Aber – mpf – es dauerte nicht lange – dieses Verschrecktfühlen, meine ich. Ich fühlte mich bald – mpf – heimisch.«

»Waren damals in dem Trimester eine Menge andre Neue hier, Sir?« fragte Linford schüchtern.

»Wie? Aber – du lieber Gott! – ich war doch nicht ein Bub – ich war ein Mann – ein junger Mann von zweiundzwanzig! Und das nächste Mal, wenn Sie einen jungen Mann – einen neuen Lehrer – seine erste Praep. beaufsichtigen sehn in der Großen Halle – mpf – da denken Sie nur daran – was für ein Gefühl das ist!«

»Aber wenn Sie damals zweiundzwanzig waren, Sir...«

»Ja? He?«

»Müssen Sie doch – jetzt – sehr alt sein, Sir?«

Chips lachte still vor sich hin. Es war ein guter Witz!

»Tja – mpf – ich bin gewiß – mpf – kein Kücken.«

(Übers.: Herberth E. Herlitschka)

Da ist aber noch eine andere Quelle, die man ausschöpfen kann, um den Geist hoch zu halten, und das ist die Natur, die großartige Mutter und Lehrerin von uns allen. Da kann man, wenn man nur hören und sehen und meditieren will, den großen und liebenden Gott finden, den Schöpfer aller Dinge, der durch seine wunderbaren, mächtigen und prachtvollen Werke zu jedem suchenden Herzen spricht.

Auch Anne Frank war trotz aller Tragödien dieser Meinung:

> Für jeden, der einsam oder unglücklich ist oder in Sorge, ist das beste Mittel, hinauszugehen, irgendwohin, wo er allein ist, allein mit dem Himmel, allein mit der Natur und Gott. Dann, nur dann fühlt man, daß alles ist, wie es sein soll, und daß Gott die Menschen in seiner einfachen, schönen Natur glücklich sehen will. Solange es so ist – und es wird wohl immer so sein –, weiß ich, daß es unter allen Umständen einen Trost gibt für jeden Kummer, und ich glaube bestimmt, daß die Natur so vieles Leid erleichtert.
>
> (Übers.: Anneliese Schütz)

Ich glaube, es war Emerson, der sagte: »Der Himmel ist das tägliche Brot der Augen.« Ich erinnere mich an einen kristallklaren, frischen Tag in der Prärie weit im Westen, als mir die weite Offenheit des Himmels von Horizont zu Horizont richtig scharf ins Bewußtsein drang. Ich schaute stundenlang – den Wechsel von Licht und Schatten, die weißen Wolkenschiffe, die – bald klein, bald groß – am blauen Baldachin aufzogen und wieder verschwanden. Es war in der Tat Nahrung für die Augen und die Seele.

Von Alfred Kreymborg stammt dieser bemerkenswerte Satz, der einen beim Lesen schon froh macht:

> Der Himmel ist das schöne, alte Pergament, auf dem Sonne und Mond ihr Tagebuch führen.

Und John Ruskin, dessen Garten im nördlichen England ich mehrmals besuchte, ruft uns in Erinnerung:

> Die Natur malt für uns Tag um Tag Bilder von grenzenloser Schönheit, wenn wir nur Augen haben, sie zu sehen.

Den Gedanken, der Himmel sei Nahrung für die Seele, nimmt auch Luther Burbank auf, wenn er sagt:

> Blumen machen die Menschen immer besser, glücklicher und hilfreicher; sie sind Sonnenschein, Nahrung und Medizin für die Seele.

Als Universitätsstudent erlag ich dem Reiz des englischen Dichters William Wordsworth und besuchte mehrmals Tintern Abbey, die geschichtsträchtige und romantische Ruine am Fluß Wye in Wales, die C. S. Lewis so herrlich beschreibt:

> Es ist ein praktisch vollständig erhaltenes Kloster, nur das Dach fehlt, die Fensterscheiben fehlen und anstelle des gepflasterten Bodens dehnt sich ein gepflegter Rasen aus. Etwas ähnlich Süßes und Friedliches wie die langen Lanzen der Sonnenstrahlen, die durch die Fenster auf den Rasen hinunterzüngeln, kann man sich nicht vorstellen. Alle Kirchen sollten unbedacht sein. Einen heiligeren Ort sah ich nie.

In der Tintern Abbey teilte ich auch stets Wordsworth Gefühl der Freude und der die tiefste Seele bewegenden Inspiration, die er in einem berühmten Satz beschreibt:

> ...Und ich fühlte eine Anwesenheit, die mich mit der Freude erhabener Gedanken stört...

Immer und immer wieder besuchte ich das Landhaus des Dichters in Grasmere und wanderte zur Narzissenzeit durch den Lake District, jenen Ort suchend, wo er »eine Menge, ein Meer goldener Narzissen« sah. Und ich werde immer glauben, diesen Ort an jenem sonnigen Sonntag gefunden zu haben, als ich in der Nähe von Ullswater »am See, unter den Bäumen flatternd und tanzend im Wind« *mein* Meer von Narzissen sah.

Der Mensch ist ein Kind der Natur und somit ein Kind Gottes. Und wenn er sich zur Nahrung seines Geistes dem Wald, dem Meer, den Wasserfällen und den sonnenbeschienenen Wiesen zuwendet, wird dieses Gefühl der Höhe direkt an sein Herz gehen.

Glaube ist es, der den Geist in erster Linie aufbaut. Wer glaubt, den kann nichts zerstören – nicht einmal der Tod. Denn der Glaube verleiht die wunderbare Einsicht, daß das Leben im Geist unsterblich ist.

»...weil ich lebe und weil auch ihr leben werdet.« (Johannes 14,19)

Über Jahre hinweg habe ich eine Reihe von Vorfällen aufgezeichnet, die mich in der Überzeugung bestärken, daß das Leben, nicht der Tod das grundlegende Prinzip unseres Universums ist. Sie haben mir den unerschütterlichen Glauben gegeben, daß es keinen Tod gibt, daß Diesseits und Jenseits eins sind. Als ich zu diesem Schluß kam, war dies für mich die befriedigendste und überzeugendste Philosophie meines ganzen Lebens. Lassen Sie mich die Erfahrungen schildern, die mich überzeugt haben, daß menschliche Geister auf beiden Seiten des Todes in einer fortdauernden Gemeinschaft leben.

H.B. Clarke, ein alter Freund von mir, war von eher wissenschaftlichem Geist, zurückhaltend, tatsachenbezogen, nüchtern. Eines Abends rief mich sein Arzt an, um mir mitzuteilen, mein Freund würde wohl nur noch ein paar Stunden leben.

Ich betete für ihn, wie andere auch. Am nächsten Tag schlug er seine Augen auf, und ein paar Tage später konnte er wieder sprechen. Sein Herz erholte sich wieder. Nachdem er kräftiger geworden war, sagte er: »Irgendwann, während ich krank war, ist mir etwas sehr Merkwürdiges passiert. Mir schien, als ob ich weit weg wäre an einem der schönsten und reizvollsten Orte, die ich je gesehen habe. Rund um mich herum waren Lichter. Ich sah schwach erleuchtete Gesichter – freundliche Gesichter –, und ich fühlte mich friedlich und glücklich. Ich habe mich in Tat und Wahrheit nie glücklicher gefühlt.

Zunächst dachte ich: ›Ich muß sterben.‹ Dann überlegte ich: ›Vielleicht bin ich schon gestorben.‹ Ich lachte beinahe laut heraus und fragte mich: ›Warum habe ich mich mein Leben lang vor dem Tod gefürchtet? Da ist doch nichts, vor dem man Angst zu haben braucht.‹«

»Wolltest du denn leben?« fragte ich.

Er lächelte und antwortete: »Für mich war da überhaupt kein Unterschied. Falls überhaupt, ich glaube, ich hätte es vorgezogen, an diesem Ort zu bleiben.«

Halluzinationen? Ein Traum? Eine Vision? Ich glaube nicht. Ich habe zu lange Jahre mit Leuten gesprochen, die an der Schwelle zu ›Etwas‹ gestanden hatten und einen Blick hinüberwerfen konnten, und sie sprachen alle von Schönheit, von Licht und von Frieden; für mich gibt es da nicht den geringsten Zweifel mehr.

Ein Mitglied meiner Kirchengemeinde, Bryson Kalt, erzählt von seiner Tante, deren Mann und drei Kinder ums Leben kamen, als sein Haus in Flammen aufging. Die Tante selbst hatte schwere Brandwunden erlitten, lebte aber noch drei Jahre. Als sie dann auch im Sterben lag, kam plötzlich ein

Strahlen auf ihr Gesicht. »Alles ist so schön«, sagte sie. »Sie kommen, um mich abzuholen. Schüttelt mein Kissen auf, und laßt mich einschlafen.«

Die Sages, alte Freunde von mir, lebten in New Jersey, und ich besuchte sie oft in ihrem Haus. Dann starb Will. Einige Jahre später, als seine Frau auf dem Totenbett lag, glitt ein Ausdruck größter Überraschung über ihr Gesicht. Es leuchtete in einem wunderschönen Lächeln auf, als sie sagte: »Schau, da ist ja Will!« Daß sie ihn sah, bezweifelt niemand von denen, die an ihrem Bett standen.

Rufus Jones hatte einen Sohn, Lowell, den er über alles liebte. Als Dr. Jones auf der Überfahrt nach Europa war, wurde der Junge krank. In der Nacht vor der Ankunft in Liverpool, als Jones in seiner Kajüte lag, kam eine undefinierbare, unerklärliche Trauer über ihn. Dann, so berichtete er, schien es, als ob Gott ihn in seine Arme nähme. Ein großartiges Gefühl des Friedens und der innigen Verbundenheit mit seinem Sohn erfüllte ihn.

Nach der Landung in Liverpool erfuhr er, daß Lowell gestorben war; der Tod war genau in jenem Augenblick eingetreten, als Dr. Jones die Anwesenheit Gottes und die ewige Nähe seines Sohnes gespürt hatte.

Ein Junge, der in Korea im Kriegseinsatz war, schrieb seiner Mutter: »Mir passieren die merkwürdigsten Dinge. Hie und da in der Nacht, wenn ich Angst habe, scheint Dad bei mir zu sein.« Sein Vater war schon seit zehn Jahren tot. »Glaubst du, Dad kann wirklich bei mir sein, hier in Korea?«

Warum nicht? Wie können wir *nicht* glauben, daß das möglich sein könnte? Immer wieder werden Beweise angeführt, daß diese Welt ein klingendes und lebendiges Haus des Geistes ist.

Meine Mutter war eine großartige Frau, und in der Fülle des Sommers legten wir sie sanft auf dem schönen kleinen Friedhof von Lynchburg, Ohio, zur Ruhe, in jenem kleinen Städtchen, wo sie als kleines Mädchen einst gelebt hatte.

Dann kam der Herbst, und ich spürte in mir ein Verlangen, wieder bei meiner Mutter zu sein. Ich war einsam ohne sie, und so fuhr ich nach Lynchburg. Es war ein unfreundlicher Tag, der Himmel war bedeckt, als ich zum Friedhof ging. Ich stieß die alten Eisentore auf, und meine Füße raschelten im Laub, als ich ihr Grab aufsuchte, wo ich mich traurig und einsam niederließ. Aber plötzlich teilten sich die Wolken und die Sonne kam durch.

Dann schien ich ihre Stimme zu vernehmen. Die Botschaft war klar und deutlich, in ihrem altbekannten Tonfall: »Warum suchst du die Lebenden unter den Toten? Ich bin nicht hier. Ich bin immer bei dir und bei meinen Lieben.«

In einer Explosion inneren Lichtes wurde ich auf wundersame Weise glücklich. Ich wußte, daß das, was ich gehört hatte, die Wahrheit war. Ich stand auf, legte die Hand auf den Grabstein und sah ihn als das, was er war: als Ort, an dem sterbliche Überreste liegen. Aber sie, ihr großer, freundlicher Geist, ist immer noch bei uns, bei ihren Lieben.

Das Neue Testament lehrt, das Leben sei unzerstörbar. Es beschreibt, wie Jesus nach seiner Kreuzigung mehrmals verschwindet und wieder auftaucht. Damit will er uns sagen, daß, wenn wir ihn nicht sehen, es nicht bedeutet, daß er nicht da ist. Aus den Augen bedeutet nicht aus dem Leben.

Die mystischen Erscheinungen, die Menschen unter uns heute erleben, deuten das gleiche an: Er ist nahe. Sagte er nicht, »weil ich lebe und weil auch ihr leben werdet«? Mit andern Worten, unsere Lieben, die in diesem Glauben gestorben sind, weilen auch in der Nähe und kommen uns gelegentlich noch näher, um uns zu trösten.

Die Bibel vermittelt aber auch andere Einsichten in der Frage: »Was passiert, wenn ein Mensch diese Welt verläßt?«. Und sie erzählt uns klugerweise, daß wir diese Wahrheiten durch den Glauben erfahren. Der sicherste Weg zur Wahrheit, so sagt der Philosoph Henri Bergson, führt über die Wahrnehmung, die Intuition und über ein gewisses Maß an vernünftigem Denken bis zum ›Todessprung‹. Und diesen großartigen Augenblick hat man erreicht, wenn man die Wahrheit plötzlich einfach ›kennt‹.

An diesen schwierigen und heiklen Fragen zweifle ich nicht. Ich glaube fest daran, daß das Leben nach dem, was wir Tod nennen, weitergeht. Ich glaube, daß das Phänomen, das wir Tod nennen, zwei Seiten hat: diese Seite, auf der wir jetzt leben, und die andere Seite, auf der wir weiterleben werden. Die Ewigkeit beginnt nicht mit dem Tod. Wir sind schon jetzt in der Ewigkeit. Wir ändern nur die Form der Erfahrung, die man Leben nennt – und es ist eine Änderung zum Besseren, davon bin ich überzeugt.

Kürzlich las ich eine merkwürdige, aber interessante Abhandlung mit dem Titel *Kluge Tiere, die ich kennengelernt habe* von Alan Devoe. Tiere, wie ich sie beobachtet habe, sind nicht angespannt oder besorgt. Sie leben offenbar still und ruhig im Schutze Gottes. Und es ist wunderbar, wie die Tiere es offenbar vermeiden, von den menschlichen Spannungen angesteckt zu werden. Mit Tieren leben wirkt aufbauend auf unseren Geist:

> Sollte ich 80 werden und den Morgen immer noch mit einem Lob zum Beispiel in Form eines Gebetes begrüßen,

dann nicht etwa, weil ich das in Philosophiebüchern gelesen hätte, sondern weil ich die Tiere kennengelernt habe.

Tiere sind dem väterlichen Herzen Gottes sehr nahe, sagte der heilige Franziskus. Und ich glaube, das müssen sie sein. Ein Tier setzt instinktiv grenzenloses Vertrauen ins Leben.

Heute bei Sonnenaufgang beobachtete ich Thomas, unseren Kater, wie er den neuen Tag begrüßte. Thomas geht nun (an menschlichen Maßstäben gemessen) auf die 80 zu. Jeden Morgen erleben wir gemeinsam den Anbruch des Tages. Das ist eine großartige Medizin. Zunächst jagt er sprungstark und geschmeidig wie ein Tiger von seinem Schlafplätzchen am Ofen die Kellertreppe hinauf. Während ich sein Futter zubereite, beobachte ich ihn. Er beginnt immer mit dem Ritual des Streckens. Nicht oberflächlich oder eilig, wohlverstanden, sondern in gemächlicher Sorgfalt, so wohltuend wie ein Urlaub. Linke Vorderpfote, rechte Vorderpfote, dann beide Hinterpfoten, nun den Rücken durchbiegen… aaah! Jetzt ein tüchtiges Schütteln, die großen grünen Augen weit offen, die Ohren gestellt.

Er flitzt zur Fenstertür, stemmt sich mit den Vorderpfoten gegen die Scheibe und äugt gespannt und erregt mit dem Schwanz wedelnd hinaus. Sonne! Bäume! Guter Gott, da tanzt ein Blatt lustig über den Rasen! Thomas hat schon an Hunderten von Morgen durch diese Fenstertür hinausgeschaut, und doch ist es jedesmal neu und herausfordernd und wunderschön.

Das gleiche gilt auch für das Frühstück. Man könnte meinen, er hätte seinen alten, verbeulten Napf noch nie gesehen. Er geht auf sein Futter los wie ein Mensch, der eine Goldader entdeckt hat. Dann, wenn die letzten Krümel fein säuberlich aufgeleckt sind, ist der aufregende Moment gekommen, wo er in den neuen Tag hinausgeht.

Thomas geht nie einfach durch die Tür hinaus. (Tiere

nehmen solche Augenblicke nie einfach auf die leichte Schulter.) Zuerst schiebt er sich *halbwegs* hindurch, bleibt dann stehen, um die Geräusche, Düfte und Anblicke in sich aufzunehmen. Dann einige Zentimeter weiter, und er bleibt wieder stehen. Endlich gleitet er ganz langsam über die Schwelle hinaus. Wenn so viel Wundersames und Neues auf einmal auf ihn eindringen würde, könnte Thomas es doch kaum aushalten.

Nun rast er mitten auf den Rasen, wo der bald Achtzigjährige einen ausgelassenen Freudensprung vollführt. Er springt etwas an, was, ist gleichgültig, dann rast er im Zickzack hinter nicht existierenden Mäusen her. Er springt hoch in die Luft und hakt mit der Pfote nach unsichtbaren Schmetterlingen. Dann ein paar rassige Purzelbäume, dann streckt er alle viere von sich und wälzt sich genüßlich hin und her. In einer Minute ist alles vorbei, und er geht gewichtigen Schrittes den Abenteuern des neuen Tages entgegen.

Könnte man noch eine bessere Lektion in Lebenskunde bekommen? Jeder Augenblick ist von Freude erfüllt, vom Bewußtsein einer knisternden Aufregung, die die Erde mit all ihren Dingen bereithält. Und da ist noch eine weitere Lektion von Thomas: Wenn er schläft, *schläft* er. Er rollt sich zusammen, legt eine Pfote über den Kopf und ergibt sich Gott.

Alle Tieren geben sich mit ganzem Herzen der Freude des Daseins hin. In der Abenddämmerung spielen fliegende Eichhörnchen auf meinen Bäumen Berg-und-Tal-Bahn. Ich habe einen alten Fuchs gesehen, der wohl eine halbe Stunde lang hingebungsvoll mit einem Stecken Löcher in die Luft schlug. Kinder reagieren so einfach auf die Welt rund um sie, bevor die Vernunft einsetzt und ihr Leben kompliziert...

Wenn man von Tieren sagen kann, sie hätten eine Philosophie, dann ist es einfach die folgende: Wenn die Natur sagt,

»Ich gebe dir all deine Sinne, das Bewußtsein und die Pracht der Erde«, dann gib dich diesen Dingen hin, kümmere dich nicht, ob es nun würdig sei oder nicht, mit achtzig Jahren Purzelbäume zu schlagen. Heißt das Stichwort ›Kampf!‹, dann geh los und kämpfe, ohne lange zu überlegen, ob das nun klug sei oder nicht.

»Ruhe«, lautet der Befehl. »Geh spielen.« »Geh schlafen.« »Friß und pflanze dich fort, und schlaf in Gottes grünem Schatten am Bachufer«, alles zu seiner Zeit. Höre auf die Stimme, und handle danach. Es ist eine einfache Philosophie. Sie enthält die Stärke der Welt.

Tiere kennen keine Sorgen...

Ein Tier weiß nicht, was Brüderschaft bedeutet, aber wenn es den Ruf »Hilfe!« vernimmt, reagiert es instinktiv...

Die Tiere akzeptieren nicht nur mit ganzem Herzen das Leben mit all seinen Aspekten; sie sehen auch dem Tod in gleicher Weise entgegen. »Schlafe nun, und ruh dich aus«, sagt die Natur am Ende...

In den Tieren leuchtet die Wahrheit, die die Angst verjagt.

Ich habe stets beobachtet, daß Menschen, die mit der Natur, mit den Bergen, Ebenen und Seen, mit der Sonne und dem Wind, mit dem Mond und mit den Sternen leben, friedvolle, freudige Männer und Frauen sind, und ihre Seelen werden von einem Geist genährt, der nur von Gott kommen kann. So schreibt John Muir:

> Erklimme die Berge, und vernimm ihre gute Botschaft. Der Friede der Natur wird in dir einziehen wie der Sonnenschein in die Bäume. Der Wind wird seine eigene Frische, die Stürme ihre Energie auf dich übertragen, und die Sorgen werden von dir abfallen wie die Blätter im Herbst.

Das größte aller irdischen Geheimnisse liegt vielleicht in dem erstaunlichen Potential, das der Mensch freisetzen kann, wenn er sich verändert und eine positive Einstellung einnimmt. William James sagte:

> Die größte Entdeckung meiner Generation ist, daß die Menschen ihr Leben verändern können, indem sie ihre Geisteshaltung verändern.

Um den Geist zu nähren und auf immer neue Höhen zu führen, möchte ich abschließend drei Versprechen zitieren, die ein Leben in Freude und Begeisterung verheißen:

»...In der Welt seid ihr in Bedrängnis; aber habt Mut: Ich habe die Welt besiegt.« (Johannes 16,33)

»Bisher habt ihr noch nichts in meinem Namen erbeten. Bittet, und ihr werdet empfangen, damit eure Freude vollkommen ist.« (Johannes, 16,24)

»Jesus sagte zu ihm: Wenn du kannst? Alles kann, wer glaubt.« (Markus 9,23)

8. KAPITEL

Freude und Begeisterung in einer Welt voller Schönheit

»Dies ist der Tag, den der Herr gemacht hat; wir wollen jubeln und uns an ihm freuen.« (Psalmen 118,24)

Jahrelang habe ich Tausenden von Besuchern meiner Vorträge im In- und Ausland diesen erhabenen Gruß an den Tag empfohlen. Und ich darf voll Überzeugung und Dankbarkeit sagen, daß er überall, wo er in den Alltag Eingang gefunden hat, das Leben verändert hat. Er hat mir geholfen, aus zuvor unruhigen, niedergeschlagenen und negativen Menschen glückliche und positive Menschen zu machen. Und sie haben entdeckt, daß ein freudiges und begeistertes Einstimmen in den Tag zu einer Einstellung voll Freude und Begeisterung führt.

Eine derart positive Einstellung bringt einen mit dieser Welt voller Schönheit, mit der Natur selbst in Einklang. Der berühmte Londoner Pfarrer Charles H. Spurgeon, der vor rund hundert Jahren dem Leben von Tausenden von Menschen einen schöpferischen Impuls verlieh, drückte diese Harmonie wie folgt aus:

> Preist nicht die ganze Natur rund um mich Gott? Wenn ich schweige, wäre ich im ganzen Universum eine Ausnahme.

Preist nicht der Donner ihn, wenn er wie Trommelwirbel in Gottes Marsch der Heerscharen rollt? Preisen nicht ihn die Berge, wenn die Bäume auf ihrem Rücken sich in Bewunderung wiegen? Schreibt nicht der Blitz seinen Namen in feurigen Lettern? Hat nicht alles auf der Erde eine Stimme? Und soll ich, kann ich ruhig sein?

Ich schätze den Schriftsteller Hal Borland sehr, der in seinem Buch *Hill Country Harvest* und in anderen Schriften die Kraft hat, uns auf bekannten Wegen der Schönheit der Natur zuzuführen, und dies mit einer Empfindsamkeit, die allem eine vollkommen neue Bedeutung verleiht:

Es gibt zwei Zeiten im Jahr, zu denen kein Mensch mit einem Körnchen Vernunft oder Empfindsamkeit im Hause bleiben kann. Die eine Zeit ist im Frühling, gewöhnlich um Ende April, wenn sich die Welt draußen vorbereitet hat, sich im Frühling voll zu entfalten. Das ist die Zeit, wenn jemand, der eine Landstraße oder einen Waldrand entlanggeht oder über offene Wiesen zieht, an einer Art alljährlich wiederkehrenden Schöpfung teilhaben darf. Die andere Zeit ist unmittelbar nach dem ersten schweren Frost.

Die Farben sind noch nicht verschwunden, doch haben sie die Kronen der Bäume schon größtenteils verlassen. Ein paar Ahornbäume und die meisten Eichen am Berghang stehen noch voller Laub, aber wenn ich mich ihnen nähere, versinke ich knöcheltief in Gold und Karminrot. An den Straßenrändern raschelt das Laub, und jeder leise Windhauch scheint Blätter mitzutragen. Wenn ich unter einer Gruppe von Sumachbäumen verweile, kann ich darauf zählen, daß es Farbe auf mich herunterregnet, denn die Blätter des Sumach sitzen so lose, daß selbst mein Atem ein paar von ihnen herunterflattern läßt. Und wenn ich unter einer Roteiche stehe, kann ich kaum glauben, daß noch so viele Blätter da oben sind, denn der Boden scheint weit und breit mit Blättern übersät zu sein. Was nur beweist, daß selbst eine Eiche, die nicht so viele Blätter hat wie ein Ahorn von gleicher Größe, mehr Blätter hat, als ich in einer Woche je zählen könnte.

Am Straßenrand steht ein Baum, den ich aus meiner Jugend als Eschen-Ahorn kenne. Es ist kein Blatt mehr an ihm, aber seine Äste sind überreich mit braunen Samenquasten behangen, mit Flügelfrüchten wie der Zuckerahorn vor meinem Haus. Jener Baum gehört natürlich zur Familie der Ahorn, die Flügelfrüchte beweisen es, und falls es doch noch Zweifel geben sollte, könnte man ihn zu Frühlingsanfang anzapfen und aus dem Saft Ahornsirup machen. Unmittelbar dahinter steht eine Berberitze, die Blätter in einem tiefen Purpur, die Beeren in leuchtendem Scharlachrot. Sie steht in einer Hecke, ganz offensichtlich von einem Vogel dorthin gebracht, wie die meisten Berberitzen, die irgendwo am Straßenrande gedeihen. Und die Vögel, die sich jetzt an diesem Busch gütlich tun, werden weitere Berberitzen in anderen Hecken pflanzen. Genauso wie sie jenen goldenen Asparagus gepflanzt haben, der im Sonnenlicht leuchtet. Ich bemerke immer erst im Herbst, wieviel wilder Asparagus wächst, wenn die feingeschnittenen, farnähnlichen Blätter ihre unverkennbar goldgelbe Färbung annehmen und die reifen, roten Beeren zwischen ihnen hindurchleuchten.

Die Blätter der wilden Rebe zeigen ein sattes Gelbbraun. Ich muß anhalten, um eines zu pflücken und es anzufassen; es fühlt sich fast gleich an wie eine Papierserviette. Und während ich dort stehe, frage ich mich, welche Vögel wohl all die Beeren vom großen, rotstämmigen Kermesbeerstrauch gepickt haben. Nicht eine einzige Beere ist mehr da, nur die weinroten Fächer der leeren Zweige, wo noch vor zwei Wochen die dunkelrot-schwarzen Rispen hingen. Diese Beeren sind für den Menschen unbekömmlich, die Vögel aber scheinen keine Schwierigkeiten zu haben, sie zu genießen. Ich werfe nochmals einen Blick auf die wilde Rebe und suche die Früchte, sehe aber nur die leeren Zweige. Und da erinnere ich mich an jenen Oktoberabend, als ich unter einem Haufen von Rebenlaub ein Opossum entdeckte, von der schwarzen Nasenspitze bis zu den Pfoten vom Saft der Beeren bedeckt. Das Opossum liebt diese kleinen Trauben über alles. Genauso wie die Füchse, obwohl ich noch nie einen auf frischer Tat ertappt habe wie damals jenes Opossum.

Die Astern machen einen ziemlich traurigen Eindruck, obwohl ich hie und da ein paar große, purpurrote Exemplare finde, die offenbar nach der frostkalten Nacht aufgegangen sind. Sie sind besonders fröhlich, ihr goldenes Zentrum nähert sich einem kräftigen Orangerot. Und da steht ein Büschel Seifenkraut, das noch tapfer blüht, obwohl seine Blätter schon ziemlich vorbei sind. Aber wenn ich den Hang hinaufblicke, sehe ich einen Busch Weihnachtsfarn, seine Wedel so lebendig und grün wie im Juli. Dieser Farn kümmert sich wenig um das Wetter, auch wenn seine engsten Verwandten längst braun wie die Eichenblätter und dürr wie Cornflakes sind.

Ein kleiner Schwarm Goldspechte zieht über die Wiese dahin, und im Vorbeiflug erkenne ich die weißen Flecken an ihrem Bauch. Sie werden nicht mehr lange hier sein. Und wo ich so ihren Flug verfolge, weiß ich, daß auch sie den fernen Horizont sehen, wie ihn weder sie noch ich seit letztem April gesehen haben. Er ist gut zu erkennen durch die nackten Äste der Bäume, und die wenigen Bäume, die noch im Laub stehen, sorgen nur dafür, daß diese Offenheit noch auffälliger wird.

Die Welt hat jetzt neue Dimensionen. Sie hat sich weit über den Sommerstand hinaus erweitert. Sie ruft die Goldspechte auf, sich zum Flug in den Süden zu sammeln, und mich fordert sie auf, wenigstens im Geist und in der Phantasie mitzuziehen. Die Täler werden breiter, die Hügel offener. Das ist eine Welt, die für eine andere Jahreszeit bereit ist, und wenn ich nicht hinausgehe und sie sehe, habe ich kein Verständnis für die Schöpfung selbst.

John Burrows war vielleicht der größte Naturkenner und Naturfreund aller Zeiten in den USA, und er kannte alle Weisheiten und heilenden Geheimnisse der Natur:

Müßte ich die drei wertvollsten Gaben des Lebens nennen, würde ich sagen: Bücher, Freunde und die Natur. Und die größte von ihnen, oder zumindest die dauerhafteste und greifbarste, ist die Natur. Die Natur ist stets um uns, ein unerschöpflicher Vorrat an allem, was das Herz bewegt, an den Geist appelliert und die Phantasie anregt – Gesundheit für den Körper, Anreiz für den Intellekt und Freude für die Seele. Für den Wissenschaftler ist die Natur eine Ansammlung von Tatsachen, Gesetzen, Vorgängen; für den Künstler ist sie ein Vorrat von Gemälden; für den Dichter ist sie ein Vorrat von Bildern, Eingebungen, eine Quelle der Inspiration; für den Moralisten ist sie ein Vorrat von Regeln und Parabeln; allen kann sie eine Quelle von Wissen und Freude sein.

Und John Kendrick Bangs, der offensichtlich versuchte, jemanden von der Existenz Gottes zu überzeugen, schrieb ein Gedicht, das uns eher nachdenklich stimmt:

Blind

Der Zweifler: »Zeig mir Gottes Macht!«
Ich zeig' ihm, wie der Himmel lacht;
ich zeige ihm der Wälder Grün;
Ich zeig' ihm, wie die Wiesen blühn;
Ich zeig' ihm Winter, Frost und Schnee,
die wilde, aufgepeitschte See;
ich zeige ihm den Felsenhang;
ich bitt' ihn, hör der Drossel Sang;
ich zeige ihm der Bäume Fracht,
der vielen bunten Blumen Pracht;
ich zeige ihm den Bach, den Fluß,
der Jugend Träume und Genuß;
ich zeig' ihm Mädchen unbefangen,
voller Sehnsucht und Verlangen,
ich zeig' ihm Sterne, Mond, und Sonne;
ich zeig' ihm manche Erdenwonne;
ich zeig' ihm Freude, zeig' ihm Schmerz;
doch zweifelt nach wie vor sein Herz;
es läßt ihn ohne Glauben gehn,
die Seele blind, er kann nicht sehn!

Emerson, der eine außergewöhnliche Empfindsamkeit besaß und durch sie tiefste Einsichten gewann, sah Gott überall und in allen Schönheiten der Welt:

> Laß keine Gelegenheit aus, irgend etwas Schönes zu sehen; denn Schönheit ist die Handschrift Gottes – ein Zeichen am Wege. Erkenne sie in jedem schönen Gesicht, in jedem schönen Tag, in jeder schönen Blume, und danke Gott dafür, denn sie ist ein Teil seines Segens.

Für jeden von uns ist sie da, diese Welt voller Freude und Begeisterung, voller Herrlichkeiten und Wunder, doch leider gewöhnt sich der Mensch auch an die größten Wunder, wenn sie sich regelmäßig und immer wieder ereignen, wie dies Henry Wadsworth Longfellow feststellt:

> Wenn der Frühling nur einmal in hundert Jahren statt jedes Jahr einmal käme, oder wenn er sich mit der Heftigkeit eines Erdbebens anstatt in absoluter Stille ankündigte, mit welcher Neugier und Erwartung im Herzen würden dann alle Menschen dieser wundersamen Veränderung harren.

Ein unbekannter Dichter beschreibt, was es in dieser herrlichen Welt Gottes alles zu finden gibt, das uns mit Glück und einer gewaltigen Begeisterung für das Leben erfüllen kann:

Die Dämmerung

> Eines Mogens stand ich auf und schaute in die Welt, und fragte mich: »Wie kann das sein? War ich denn bisher blind?«
> Auf jedes im Wind zitternde Blatt fiel ein Sonnenstrahl, vor mir breitete sich ein mächtiger, goldener Teppich aus.
> Und je höher die Sonne stieg, desto mehr Licht fiel auf die inbrünstig sehnende und dürstende Erde.
> Und beim Anblick dieser herrlichen, großartigen Wunder rief ich frohlockend: »Du, mein Gott, ich liebe deine Welt!«
> Und seit ich an jenem Morgen erwachte, genieße ich oft die Freude der Dämmerung, und Friede zieht in mir ein; ich weiß zwar, daß dunkle Schatten der Angst sich im Schlaf wieder über mich senken werden, aber wenn die einsame Nacht entflieht, gewinne ich wieder Sicherheit.
> In der Dämmerung wird mein Gemüt durch die Sonne wieder leicht und froh.

Admiral Richard E. Byrd fand in der erstarrten Welt des Südpols, in dieser weiten, unfaßbaren Stille und im eisigen Zwielicht Frieden und Gott:

Ich hielt an, um der Stille zu lauschen. Der zu einem Wölkchen aus Eisnadeln gefrorene Atem streichelte die Wangen im Hauche einer kaum spürbaren Brise. Die Wetterfahne wies zum Südpol. Die Schalen stellten ihren gemächlichen Umschwung völlig ein, als das letzte Windeswehen erstarb. Dann schwebte die Atemwolke über meinem Haupte.

Friedlich versank der Tag in die Nacht. Lautlos verschwammen die Gewalten des Weltalls und hoben sich zu eisiger Ruhe auf. In dieser Stille vermeinte ich den letzten Ausklängen der Harmonie der Sphären zu lauschen.

Ich durfte mich als Teil dieser Harmonie empfinden, aus der sich die Einheit des Menschen mit dem Sein offenbart. Dieses Schrittmaß dünkte mich zu vollkommen, um das Ergebnis blinder Kräfte zu sein, denen auch der Mensch als zufälliges Geschöpf entsprungen wäre. Dieses Gefühl erhob sich über die Vernunft; es tauchte in die Tiefen der menschlichen Trost losigkeit und fand sie unbegründet. Es fand, daß die Welt kein Urbrei, sondern eine Gestaltung, daß die Gestalt des Menschen von Rechts wegen in sie eingesetzt sei.

(Übers.: Willy Rickmer-Rickmers)

Charles A. Lindbergh, der auch unentwegt auf der Suche nach Frieden war, fand ihn bei einer ganz besonderen Gelegenheit, nämlich auf seinem unvergeßlichen Flug in der *Spirit of St. Louis:*

Es ist schwer, Atheist zu sein, hier oben in der *Spirit of St. Louis,* wo einem die Zerbrechlichkeit menschlicher Werke so nah zum Bewußtsein kommt, wo man Teil des Universums zwischen der Erde und den Sternen ist. Wenn eines endet, existiert alles weiter nach einem so vollkommen ausgewogenen, so wunderbar einfachen, so ungeheuer komplizierten Plan, der weit über unser Verstehen hinausgeht – Welten und Monde drehen sich; die Planeten laufen um ihre Sonnen, Sonnen, die anscheinend sorglos im Raum verteilt sind. Da ist die unendliche Größe des Universums; da ist die unendliche Feinheit in seiner Materie – da der Stern außen, da das Atom innen. Und der Mensch ist sich all dessen bewußt – ein irdisches Publikum wessen, wenn nicht Gottes?

Kein Mensch mit größerer Vernunft hat je gelebt außer Jesus. Er unterbrach alles Philosophieren, indem er einfach fragte: »Ihr wollt glücklich sein? Dann liebet die Menschen und vertrauet auf sie.«

Auch ich empfinde Begeisterung für die Menschen. Einer der glücklichsten Orte, den ich je besucht habe, war das, was man damals Jugenderziehungsheim nannte. (Heute hat man bessere Namen für solche Schulen.) Aber niemand, der diesen Ort besuchte, hätte sich denken können, daß er etwas mit straffällig gewordenen Jugendlichen zu tun haben könnte. Es hätte irgendeine andere, ganz gewöhnliche Schule sein können. Die Jungen lebten in kleinen Häusern und waren sehr kräftig, gutaussehend, männlich und höflich.

Die Schule war von Floyd Starr gegründet worden, dem diese Idee schon im Alter von vier Jahren gekommen war. Ein Besucher in seinem Elternhaus hatte davon gesprochen, fünfzig heimatlose Knaben adoptieren zu wollen. Dies faszinierte den kleinen Jungen, und er erzählte seiner Mutter, auch er würde fünfzig Knaben adoptieren, wenn er erwachsen sei. Natürlich wurde er von allen ausgelacht. Aber an der Hochschule, kurz vor dem Abschluß, sagte er zu einigen Kommilitonen, die über ihre Zukunftspläne diskutierten: »Ich werde fünfzig der schlimmsten Jungen adoptieren, die ich auftreiben kann. Ich werde sie lieben und zuversichtlich annehmen, daß große Männer aus ihnen werden. Ich glaube, so etwas wie schlechte Jungens gibt es gar nicht.« Wiederum wurde er ausgelacht und mußte sich anhören, das sei doch nicht möglich. Aber heute existiert das ›Starr Commonwealth for Boys‹ in Michigan.

Die Gerichte von Michigan geben jedem Jungen, der sich wegen krimineller Handlungen verantworten muß, die Möglichkeit, in Floyd Starrs Schule zu gehen, wenn er das nur will. Diese Jugendlichen werden als ›schlecht‹ bezeichnet. Einer von ihnen, der aus New Jersey kam, stand im Rufe, der Schlimmste des ganzen Staates zu sein. Es hieß, in seinem Falle sei alles sinnlos. Und dennoch: als ich vor kurzem die Schule besuchte, um eine Kapelle einzuweihen, sah ich, wie dieser ›schlechte‹ Junge kirchliche Gewänder und ein strahlendes Gesicht zur Schau trug.

»Er wird Pfarrer der Episkopalkirche werden«, verriet mir Floyd Starr. »Mir ist es gleichgültig, was die Jungen getan haben. Mich interessiert nur, was sie sind und was aus ihnen werden soll. Ich schaue nie in die Akten hinein.«

Eines Abends ließ er sich von einem dieser jungen Männer zu einer Versammlung in einer siebzig Kilometer entfernten Stadt fahren. Als sie dort ankamen, gab er ihm fünfzig Dollar und trug ihm auf, etwas essen zu gehen und ihn um neun Uhr wieder abzuholen. Pünktlich um neun Uhr stand der Junge bereit und gab ihm das Wechselgeld zurück.

Auf der Heimfahrt sagte der Junge: »Onkel Floyd, Sie vertrauen mir, nicht wahr?«

»Gewiß«, antwortete Floyd.

»Warum nur?« fragte der Junge. »Sie sind der erste, der mir je vertraut hat.«

»Bill«, erklärte Floyd, »ich vertraue dir, weil ich dich liebe und an dich glaube.«

»Aber, Onkel Floyd, wissen Sie denn nicht, warum man mich in Ihre Schule geschickt hat?« beharrte Bill.

»Nein, Bill, ich habe nicht die leiseste Ahnung.«

Und dann erzählte ihm der junge Mann seine Geschichte. Als er eines Abends nach Hause gekommen war, stand der Krankenwagen vor der Tür. Sein Vater war im Rausch mit einem Messer auf seine Mutter losgegangen. Man brachte sie nun ins Spital, nahm aber kaum an, daß sie überleben würde.

»Sie waren ständig betrunken und führten schändliche Reden«, berichtete Bill. »Mein Vater sitzt nun im Staatsgefängnis. Ich schloß mich einer Bande an und kam lange Zeit ungeschoren davon. Ich wurde hierher geschickt, weil ich Autos geklaut hatte. Und heute abend haben Sie mir Ihren Wagen anvertraut.«

Floyd Starr legte einen Arm auf die Schulter des jungen Mannes. »Du wirst nie mehr Autos klauen«, versicherte er ihm.

Gelegentlich lernt man einen Menschen kennen, der so christlich ist, daß es einen im tiefsten Innern des Herzens berührt. Ein solcher Mensch ist Floyd Starr. In anderen Schulen dieser Art liegt die Rehabilitationsquote bei 34 Prozent. In Starrs Schule erreicht sie 94 Prozent. Die Psychiater mahnten ihn, es sei Wahnsinn, die Akten nicht einzusehen. Aber ich glaube, daß die Ergebnisse seine Methoden mehr als rechtfertigen.

Macht es Sie nicht glücklich, wenn ich Ihnen von diesem Mann und seiner Arbeit erzähle? Wenn Sie in einer unglücklichen Welt glücklich sein wollen, hören Sie auf, die Menschen zu hassen. Geben Sie jeden Haß auf. Beginnen Sie, die Menschen zu lieben, an sie zu glauben. Wo alle andern Bücher versagen, hilft die Bibel weiter, denn sie verrät uns, wie wir in einer unglücklichen Welt glücklich sein können:

»In ihm war das Leben, und das Leben war das Licht der Menschen.« (Johannes 1,4)

Dies ist der Weg zu einem Leben in Freude und Begeisterung.

Meine Frau Ruth und ich machen seit langem jedes Jahr einmal Urlaub in den Schweizer Alpen. In der Regel haben wir schriftstellerische Verpflichtungen, denen wir inmitten schneebedeckter Berge und hoher Alpen am besten nachkommen können.

Während eines solchen Urlaubs arbeiten wir den ganzen Morgen bis kurz vor Mittag und besuchen dann gerne ein Kurkonzert im Dorf. Da werden immer großartige und inspirierende Meisterwerke dargeboten. Dann machen wir uns auf eine Wanderung durch die herrliche Bergwelt. Jeden Sommernachmittag wandern wir zehn bis fünfzehn Kilometer weit, bis die Schatten allmählich länger werden. Dann kehren wir ins Hotel zurück, genießen ein langes Bad und gehen dann nach dem Abendessen früh schlafen.

Seit vielen Jahren gehört dieser Urlaub zu unserem jährlichen Arbeits- und Erholungsprogramm. Und er ist jedesmal eine Quelle unsagbarer Freude und Begeisterung für diese herrliche Welt und die noch herrlichere Schönheit der Menschen, die wir kennengelernt haben. An einem Sonntag vernahmen wir staunend in einer kleinen Kapelle am Seeufer ein Lied, welches die Schönheit der Natur und des Menschen mit der schöpferischen Harmonie des allmächtigen Gottes verband:

Für die Schönheit der Welt

Für die Schönheit dieser Welt,
für den Glanz am Himmelszelt,

für die Liebe, deren Macht,
über meinem Leben wacht:
Herr, mein Gott, dir sei geweiht
dieses Lied der Dankbarkeit.

Für die Schönheit und die Pracht
jeder Stunde, Tag und Nacht,
für die Berge und das Meer,
Sonne, Mond und Sternenheer:
Herr, mein Gott, dir sei geweiht
dieses Lied der Dankbarkeit.

Für die Harmonie, die Kraft,
die auf Erden Ordnung schafft
und das ganze All durchdringt,
unter deine Obhut bringt:
Herr, mein Gott, dir sei geweiht
dieses Lied der Dankbarkeit.

Für die Freuden, die ich find,
für die Eltern, für mein Kind,
für den Freund, der jederzeit
verläßlich ist und hilfsbereit:
Herr, mein Gott, dir sei geweiht
dieses Lied der Dankbarkeit.

Für die köstlich reichen Gaben,
die mein Leben lang mich laben;
daß des Himmels und der Erde
Gnade mir beschieden werde:
Herr, mein Gott, dir sei geweiht
dieses Lied der Dankbarkeit.

FOLLIOT SANDFORD PIERPOINT

Als die Worte dieses alten Liedes über den süß duftenden Wiesen verwehten und die umliegenden Gipfel zu erreichen schienen, wurden wir von einer unbeschreiblichen Liebe zu allen Dingen und allen Menschen, aber auch von einer überwältigenden Liebe zum Leben selbst erfüllt. Und ich dachte plötzlich an ein paar Worte von Dostojewski, die ich später nachschlug und Ihnen hier weitergeben möchte:

> Liebe Gottes ganze Schöpfung, auch das kleinste Sandkorn in ihr. Liebe jedes Blatt, jeden Strahl von Gottes Licht. Liebe die Tiere, liebe die Pflanzen, liebe alles. Wenn du alles liebst, wirst du das göttliche Geheimnis in den Dingen erkennen. Hast du es einmal erkannt, wirst du es jeden Tag ein wenig besser verstehen lernen. Und am Ende wirst du die ganze Welt mit einer alles umfassenden Liebe lieben.

Und wenn man auf dieses Gebot hört, wird daraus eine Liebe zur Welt hervorgehen, die sich in einer neuen und empfindsam gewordenen Liebe zum Leben selbst ausdrückt. Dies wiederum bringt Freude und Begeisterung in reichlichem Maße.

Gewisse Menschen können aber mit diesen positiven Einstellungen nicht viel anfangen, sie wenden ein, daß weder Freude noch Begeisterung oder Entzücken sich einstellen, wenn Widerwärtigkeiten einem das Leben schwer machen, wenn man krank oder schwach oder blind ist oder sonst irgendwie leidet. Aber die großartige Helen Keller ließ sich von ihren Behinderungen die Freude nicht verderben:

Im Garten des Herrn

Das Wort Gottes kam an mein Ohr,
als ich allein unter vielen saß;

und meine blinden Augen sahen das Licht,
und eine Flamme legte sich auf meine Lippen.

Ich lache und rufe, denn das Leben ist gut,
auch wenn meine Füße ganz leise gehen.
Froh gestimmt verlasse ich die Menge,
um in meinem Garten mich zu ergehen.
Dabei pflücke ich Früchte und Blumen,
und mit frohem Herzen danke ich der Sonne,
die meinen Garten mit Leben erfüllt.
Der Wind treibt auch sein Spiel mit mir,
weht mir den Duft von Rose oder Jasmin entgegen.

Am Ende bin ich dort, wo die schlanken Lilien stehen,
die ihre Kelche wie weiße Heilige zu Gott erheben.
Während die Lilien beten, knie ich mich hin,
ich befinde mich im Heiligen Tempel des Herrn.

Viele der besten Dinge im Leben können wir von der Natur lernen, zum Beispiel von den Bäumen. Auf dem Quaker Hill in Pawling, New York, wo wir auf unserer sogenannten Hill Farm wohnen, hat unsere Familie viel von der guten alten Mutter Natur gelernt, so zum Beispiel, wie Bäume sich in einem Sturm verhalten. Sie geben dem Wind immer mehr nach, je stärker er weht, nicht aus Angst, und sie leisten ihm auch keinen Widerstand. Sie biegen sich einfach mit ihm, und wenn die Kraft des Sturms wächst, wirbeln die Blätter der gigantischen alten Ahornbäume, als ob sie schadenfreudig lachen würden im Wissen, daß sie den Sturm überstehen, was sie offenbar auch immer tun. Am folgenden Tag hat der Sturm ausgetobt, die Sonne lacht wieder. Der Boden ist vielleicht mit unzähligen Blättern und Zweigen übersät, und vielleicht sind auch zwei oder drei stärkere Äste gefallen, die der Baum ohnehin hätte abstoßen wollen. Aber der Baum steht noch da, sogar stärker als zuvor, nachdem er einen weiteren Sturm in seinem langen Leben ausgestanden und überdauert hat.

Dies läßt uns erkennen, wie auch wir Menschen unsere Lebensstürme überstehen können. Wir sollen uns mit dem Wind biegen, ihm nachgeben, über ihn lachen. Das macht uns stark.

Mir gefällt, wie die Kiefern mit schweren Schneelasten fertigwerden. Der Schnee türmt sich auf den nachgiebigen Ästen immer höher auf, aber die Äste brechen nur selten. Sie geben einfach anmutig unter der zusätzlichen Last der weißen Pracht nach. Und zu gegebener Zeit sorgen die Freunde der Kiefern, der Wind und die Sonne dafür, daß der Schnee weggeblasen wird oder schmilzt, und dann gehen die Äste gemächlich – nie in großer Eile – wieder in ihre alte Stellung zurück. Auch keine üble Methode für uns Menschen!

Und dann darf ich auch unseren alten, geliebten Apfelbaum nicht vergessen. Er muß wenigstens hundert Jahre alt sein. Einst war er sehr groß für seine Art, beinahe einen Meter dick, mit weit ausladenden Ästen. Nun ist der Stamm aber nur noch ungefähr acht bis zehn Zentimeter dick und innen weitgehend hohl. Aber dennoch trägt er würdig seine Krone. Der Apfelbaum steht an einer Stelle, die ihn zwar vor allzu heftigen Stürmen schützt, doch kriegt er über die Jahreszeiten hinweg dennoch seinen Teil an Wind, Regen, Eis und Schnee ab.

Ich bewundere diesen Baum; er ist alt und offensichtlich geschwächt, schon längst über die Blüte seiner Kraft und Jugend hinaus. Aber er weiß nicht, daß er alt und schwach ist. Jeden Frühling treibt er seine Blüten wie eh und je, und dabei scheint er manchen andern Baum in den Schatten zu stellen, denn seine Zweige sind über und über mit rosarot-weißen Blüten bedeckt: wahrlich ein sehenswerter Anblick.

Dann kommen die Äpfel. Wir haben diesen alten Baum niemals gespritzt, aber seine Äpfel sind trotzdem knackig und saftig, und über ein paar Würmer und Flecken sehen wir großzügig hinweg. Der Baum stellt eine mächtige Loyalität zu seiner Bestimmung unter Beweis, die natürlich darin besteht, im Frühling Blätter zu treiben und im Herbst zu blühen und Früchte hervorzubringen. Und genau das tut er, seiner Bestimmung treu, trotz seines Alters und seines Zustandes. Und so stelle ich mich jeden Frühling und jeden Herbst einmal unter die weit ausladenden Äste und grüße den alten Baum ehrfürchtig als meinen Lehrer: »Lieber, alter Apfelbaum, ich gehe weiterhin meiner Arbeit nach und hoffe, sie ebenso gut zu tun, wie du deine Arbeit tust.«

Solange ich lebe und Hill Farm mir gehört, wird dieser Baum nie gefällt werden, es sei denn, irgendein Wintersturm erweise sich mal als stärker als er. Dann werde ich ihn traurig an die Zeit und die Elemente zurückgeben, mich aber immer an ihn erinnern.

Henry David Thoreau, einer der wenigen hervorragenden Denker, die im jungen Amerika wirklich den Ton angaben, schrieb von den Schneeflocken, die natürlich ebenfalls zum großen Erbe der Landschaften von New England und New York (Staat) gehören:

Der himmlische Boden wird gekehrt

Die Natur ist voller Genialität, voller Göttlichkeit, so daß nicht eine einzige Schneeflocke seiner gestaltenden Hand entgeht. Nichts ist billig und unvollkommen, weder Tautropfen noch Schneeflocken.

Milliarden dieser kleinen Scheibchen, die dem forschenden Auge so unglaublich viel Schönheit enthüllen, wirbeln über den Mantel jedes Reisenden, ob er sie nun bemerkt oder nicht, auf das Fell des emsigen Eichhörnchens, auf die weiten Felder und Wälder, die baumbestandenen Täler und Bergesgipfel.

Weit, weit weg von den Augen der Menschen gleiten sie einen Hang hinab, bleiben am vorbestimmten Ort liegen und schmelzen oder büßen ihre Schönheit in der Masse ein, bereit, ein kleines Rinnsal schwellen zu lassen und letztlich wieder dem weltweiten Meer zuzustreben, von dem sie ausgegangen sind. Und dort bleiben sie liegen wie Trümmer von Wagenrädern nach einer Schlacht am Himmel.

Auf der Wiese räumt sie die Feldmaus aus ihren Gängen, der Schuljunge formt sie zu einem Schneeball, die Schlitten der Mädchen gleiten sanft über sie hinweg, über diese herrlichen Flitterplättchen, vom himmlischen Boden gekehrt.

Und sie alle singen und schmelzen, während sie singen, von den Geheimnissen der Zahl sechs, sechs, sechs.

Er nimmt das Wasser des Meeres mit seiner Hand auf und läßt dabei das Salz zurück; er verteilt es als Nebel über den Himmel, sammelt es wieder ein und schüttet es wie Korn in sechsstrahligen Sternchen über der Erde aus, bestimmt, dort liegen zu bleiben, bis es seine Bindungen wieder löst.

Und der Psalmist rühmt mit beredtem und bildlichem Geschick die mächtige Kraft von Gott, dem Schöpfer:

> Du gründest die Berge in deiner Kraft,
> du gürtest dich mit Stärke.
> Du stillst das Brausen der Meere,
> das Brausen ihrer Wogen, das Tosen der Völker.
> Alle, die an den Enden der Erde wohnen,
> erschauern vor deinen Zeichen;
> Ost und West erfüllst du mit Jubel.
> Du sorgst für das Land und tränkst es;

du überschüttest es mit Reichtum.
Der Bach Gottes ist reichlich gefüllt,
du schaffst ihnen Korn, so ordnest du alles.
Du tränkst die Furchen, ebnest die Schollen,
machst sie weich durch Regen,
segnest ihre Gewächse.
Du krönst das Jahr mit deiner Güte,
deinen Spuren folgt Überfluß.
In der Steppe prangen die Auen,
die Höhen umgürten sich mit Jubel.
Die Weiden schmücken sich mit Herden,
die Täler hüllen sich in Korn.
Sie jauchzen und singen.

(Psalmen 65, 7–14)

Aus *Only in Alaska* (Nur in Alaska) von Tay Thomas, der Frau von Lowell Thomas jr., ist diese lebendige Beschreibung der Schönheiten einer Herbstzeit in Alaska:

Daß die Blumen verblühen, macht einem aber nicht mehr so viel aus, wenn die Bäume und das Unterholz die Farbe zu wechseln beginnen. Ich kenne den klaren, leuchtenden Herbst in New England, und dennoch raubt mir der helle, intensive Reichtum der Farben hier den Atem. Der Herbst ist viel zu kurz im hohen Norden – er dauert höchstens zwei oder drei Wochen –, aber die Natur scheint entschlossen zu sein, die kurze Dauer durch eine ungeheure Palette von Gelb- und Rottönen in doppelter Kraft wettzumachen. Der kleine, wilde Hartriegel um die Erdbeerpflanzen, welche dicht am Boden wachsen, nimmt zuerst ein tiefes Rot an; dann folgen das etwas größere Afterkreuzkraut, die wilde Rose und die wilde rote Johannisbeere. Inmitten dieser leuchtendroten Komposition verfärben sich die großen Blätter der Igelaralie in ein intensives Gelb. Dann nehmen die Blätter der Birken und Espen einen so kräftigen, glänzenden Goldton an, daß an hellen Tagen auch künstlerisch vollkommen unbegabte Menschen in Versuchung geraten, zum Pinsel zu greifen und diesen Anblick einzufangen. Und es sind nicht nur die Rot- und Gelbtöne der Blätter – das Wasser der Seen und Zuflüsse schillert in noch tieferem Blau, die Birkenrinde leuchtet in hellerem Weiß, und die Berge erstrahlen in sanften Rottönen unter den violett schimmernden Gipfeln.

Die Gaben des Lebens und der Natur übertragen auf den gläubigen Menschen die heilende und stärkende Wirkung und die Kraft, Tag für Tag mutig weiterzumachen.

Charles A. Lindbergh fand auf seinem Flug durch den weiten, stillen Himmel über dem Atlantik den Frieden und die Größe Gottes im Mondlicht:

Ich hatte den Mond beinahe vergessen. Nun kommt er mir, einem vernachlässigten Verbündeten gleich, zu Hilfe. Von Minute zu Minute wird die Sicht besser. Wenn der Mond höher in den Himmel steigt, wird sein Licht heller werden, bis er schließlich der Sonne weicht. Die Sterne vor mir sind schon am Verblassen. Es ist 10.20 Uhr. Nur zwei Stunden herrschte finsterste Dunkelheit.

Allmählich wird das Licht immer besser, und die schwarzen Massen der Nacht wandeln sich zu einem Reich von Form und Gestalt. Silhouetten weichen den Schatten. Wolken geben den Blicken ihr innerstes Geheimnis preis. Im spiegelnden Licht des Mondes scheinen sie ihm enger verbunden zu sein als der Erde, über der sie dahintreiben. Sie bilden einen vollkommenen Rahmen für die seltsame, fremde Oberfläche, die man beschaut, wenn man ein Fernrohr auf den Trabanten der Erde richtet. Es sind Formationen des Mondes – Krater und Hochebenen, hohe Türme und bodenlose Senken, Spalten und Schluchten, Simse, wie kein irdischer Berg sie je gekannt –, Wirklichkeit kombiniert mit traumhafter Phantasie. Da gibt es Formen wie Korallenbänke am Boden der tropischen Meere, oder groteske Canyons aus Sandstein und Lava am Rande der Wüste von Arizona – zunächst schwarz, dann grau, nun gar grünlich im kalten, geheimnisvollen Licht.

Ich husche hin und her auf meinem Weg in Richtung Osten, nach Europa, verborgen im winzigen Cockpit meines Flugzeugs, allein in der Größe dieses merkwürdigen, unmenschlichen Raumes; ich wage mich vor, wo der Mensch noch nie war, unwiderruflich unterwegs auf einem Flug durch diesen heiligen Garten des Himmels, diesen inneren Schrein höherer Geister. Bin ich selbst noch ein lebendes, atmendes, erdgebundenes Wesen, oder ist dies ein Todestraum, den ich träume? Sitze ich wirklich in einem Flugzeug, das über dem Atlantik in Richtung Paris durch die Luft stößt, oder bin ich auf irgendeinem Berg der Erde abgestürzt, und ist das das Leben danach?

Einen Augenblick lang weichen die Wolken zurück, und der Mond selbst schaut durch ein gewaltiges Tal, taucht unirdische Klippen in unirdisches Licht, überstrahlt die Sterne im Osten mit seinem helleren Schein, nimmt am nächtlichen Himmel die führende Rolle ein, die des Tags die Sonne übernimmt.

Weit vor mir ist eine höhere Wolkenschicht im Entstehen, viele tausend Fuß über meiner Flugbahn – glühende, waagrechte Streifen, von den dicken Säulen darunter getragen – fein behauene Säulen und Bögen zu einem Tempel des Mondes. Hat sich der Himmel nur aufgetan, um sich wieder zu schließen? Werden sie sich am Ende vereinen, diese Wolken, um eine große und undurchdringliche Masse zu bilden? Muß ich doch noch umdrehen? *Kann* ich noch umdrehen, oder bin ich in diesen verbotenen Tempel gelockt worden und finde nun alle Türen verschlossen? Im Norden, Süden und Westen türmen sich Wolken auf; nur die erleuchteten Gänge vor mir sind frei.

Die Instrumente haben mich durch eine mächtige Cumuluswolke wie durch einen Tunnel hindurchgeschleust. Ich stoße durch, und da entdecke ich vor mir quer zu meinem Weg ein gleißendes, meilenweites Tal, das sich, so weit ich sehen kann, in Nord-Süd-Richtung ausdehnt. Über mir ist der Himmel blau und weiß, und das blendende Feuer der Sonne quillt über den Wolkengrat vor mir. Ich ziehe die *Spirit of St. Louis* nach unten, verliere langsam an Höhe, so um die zweihundert Fuß pro Minute. Auf achttausend Fuß fange ich sie auf, erforsche die Tiefen jedes Risses, über den ich hinwegfliege. Und ganz unten in einer Spalte erspähe ich ihn, wie einen seltenen Stein unter zahllosen Kieselsteinen zu meinen Füßen – eine dunklere, intensivere Schattierung, eine andere Struktur – der Ozean! Auf seiner Oberfläche erkenne ich weiße Flecken und Wellen. Wellen aus einer Höhe von achttausend Fuß! Das bedeutet einen schweren Seegang.

Es ist einer dieser Augenblicke, wenn sich alle Sinne zusammentun und die Erkenntnis sich so klar und deutlich durchsetzt, daß Sekunden sich mit der Kraft von Jahren in mein Gedächtnis einprägen. Es gestaltet ein Bild in Farben, die nicht verblassen, und in Linien, die mein ganzes Leben lang nicht verschwimmen – das weite, im Sonnenlicht gleißende Tal im Himmel; die wallenden Wände des Kamins; und ganz tief unten die harten, blaugrauen Schattierungen des Ozeans.

Emerson hätte die tiefschürfenden Gefühle Lindberghs wohl gut verstanden:

> Der Mensch, der den aufgehenden Mond um Mitternacht durch die Wolken brechen sah, war anwesend wie ein Erzengel, als das Licht und die Welt erschaffen wurden.

Die Pracht und Wunder dieses Planeten, auf dem wir eine Zeitlang leben dürfen, sollen uns veranlassen, mit Maltbie D. Babcock zu sagen:

Das ist meines Vaters Welt

Ja, das ist meines Vaters Welt.
Durch die Natur Gesang
dringt an mein aufmerksames Ohr
der Sphären heller Klang.
Ja, das ist meines Vaters Welt:
ich sehe Tag und Nacht
der Wunder grenzenlose Zahl,
die seine Hand vollbracht.

Ja, das ist meines Vaters Welt.
Der Himmel und das Meer
verkünden wie der Vögel Lied
des Schöpfers Ruhm und Ehr.
Ja, das ist meines Vaters Welt:
wo immer ich auch bin,
beweist er seine Gegenwart,
ist er in meinem Sinn.

Ja, das ist meines Vaters Welt.
Und ich bin mir gewiß,
daß Gott der Herrscher ist und bleibt,
trotz aller Ärgernis.
Ja, das ist meines Vates Welt:
es singt sein Lob und Preis
zu aller Zeit und überall
der ganze Erdenkreis.

9. KAPITEL

Wagen Sie es, glücklich zu sein

Es gibt da ein altes Gedicht von einem unbekannten Verfasser, das mir immer gut gefallen hat. Es beschreibt in schlichten Worten das Glück und die Lebensfreude, die ein Leben voller Liebe und Fürsorge unausweichlich zur Folge hat:

Gemeinschaft

Wenn ein Mann keinen roten Heller hat
und sich niedergeschlagen fühlt,
wenn die Wolken dicht und düster hängen
und die Sonne nicht durchlassen,
dann ist es großartig, o mein Bruder,
wenn ein Mensch einfach
freundlich seine Hand auf deine Schulter legt.

Es erzeugt ein wunderlich Gefühl,
es läßt die Tränen fließen,
und man spürt ein leises Pochen
in der Gegend seines Herzens.
Du wagst es nicht, ihn anzuschauen,
es fehlen dir die Worte, wenn sich
freundlich seine Hand auf deine Schulter legt.

Ach, diese Welt ist ein seltsamer Ort,
mit ihrem Honig und ihrer Galle,
mit ihren Lasten und bitteren Sorgen,
aber doch eine gute Welt.
Und ein guter Gott hat sie gemacht;
wenigstens sage ich das, wenn sich
freundlich eine Hand auf deine Schulter legt.

Für andere Menschen jenes Gefühl aufbringen, das in diesem Gedicht angesprochen wird, bedeutet, daß man dem andern das Gefühl gibt, etwas Wert zu sein, ein Gefühl, daß das Leben seinen Sinn hat. Charles Dickens sagt es so:

> Niemand ist nutzlos auf der Welt, der für irgend jemand anders die Last ein bißchen kleiner macht.

Und Leo Tolstoi sagt:

> Freude kann nur dann echt sein, wenn die Menschen ihr Leben als Dienst betrachten und abgesehen von sich selbst und ihrem persönlichen Glück noch ein klares Ziel haben.

Demnach schiene es, daß man seine Eigenwertung ganz aufgeben oder zumindest ganz wesentlich reduzieren muß, eine Haltung guten Willens entwickeln oder die Liebe zu allen Arten von Menschen noch stärker machen soll, um echte Freude und Begeisterung zu erfahren. Die Menschen brauchen Liebe, und wer ihnen aus vollem Herzen Liebe gibt, wird von ihnen geliebt, und das führt zu einem tiefen, innigen Glück. Ich kannte einen bekannten Humoristen meiner Kindertage, der auch ein sehr großes Herz hatte. Er war ein glücklicher Mann, dessen Freude und Begeisterung für das Leben aus seiner Liebe zu den Menschen hervorgingen. Er schrieb das folgende Gedicht mit dem Titel *Der Mensch braucht Liebe:*

Der Mensch braucht sehr viel Liebe, bereits am Morgen früh;
ein neuer Tag liegt vor ihm, mit neuer Pein und Müh,
mit mancher altbekannten, doch auch mit neuer Not.
Da steht nur Gottes Liebe als Heilung zu Gebot.

Der Mensch braucht sehr viel Liebe, auch in der Mittagsrast,
wenn mitten im Getümmel und in des Tages Hast
selbst in der kurzen Stunde, die Ruhe schenken soll,
das kleinliche Gezänke erwecket seinen Groll.

Der Mensch braucht sehr viel Liebe, besonders in der Nacht,
nachdem die vielen Plagen des Tages sind vollbracht.
Wenn alle Lichter weichen der stillen Dunkelheit,
dann ist das für die Liebe die allerbeste Zeit.

Der Mensch braucht sehr viel Liebe zu jeder Tageszeit,
ein liebenswertes Lächeln, ein Wort der Freundlichkeit.
Vom Anbeginn des Daseins bis hin zum Untergang
braucht jeder Mensch viel Liebe, sein ganzes Leben lang.

STRICKLAND GILLIAN

Und ich erinnere mich sehr gut an Edwin Markham, als er schon älter, ein weißhaariger, genialer Riese war. Mit ihm verbrachte ich einen Abend, den ich nie vergessen werde. Als ich ihn fragte, welchem seiner Gedichte er selbst am meisten Wert beimesse, antwortete er:

»Wie kannst du unter deinen Kindern wählen?« Er meinte, sein Vierzeiler mit dem Titel ›Überlistet‹ könnte von Dauer sein, weil Liebe dauerhaft sei. Und ich hatte wirklich den Eindruck, die tiefe Freude dieses großen amerikanischen Dichters beruhe weitgehend auf der echten Liebe, die er für seine Mitmenschen empfand:

> Er beschrieb einen Kreis, in dem war ich verpönt,
> als Verräter verspottet, als Ketzer verhöhnt.
> Doch die Liebe und ich siegten doch, wie es schien,
> denn der Kreis, den *wir* zogen, umfaßte auch ihn!

Viele Menschen sind einsam auf dieser Welt, und auch das ist eine schmerzliche Erfahrung. Jeder, der einem andern Menschen aus seiner Einsamkeit hilft, wird zwei Menschen froh machen: den einsamen und sich selber.

Die Freude und die Begeisterung, welche Menschenliebe und Hilfsbereitschaft in unserem Denken und unserem Herzen auslösen, sind so tief und bedeutsam, daß sie ein Leben lang Kraft haben, einen Menschen zu motivieren.

Ein älterer Arzt erzählte mir einst, wie er zu seinem Beruf kam, und seine Geschichte war so schön, daß ich sie nie vergessen habe. Er erzählte, als kleiner Junge habe er mit seinen Eltern auf einer kleinen Farm in einer Gegend von Kansas gelebt, wo der Schnee im Winter manchmal so hoch lag, daß es sehr schwierig war, in die nächste Stadt zu gelangen.

Eines Winters, als er ungefähr sieben Jahre alt war, wurde seine ältere Schwester krank; sie bekam sehr hohes Fieber. Als es dem Vater endlich gelungen war, dem Arzt über die praktisch unpassierbaren Straßen eine Nachricht zu übermitteln, und bis der Arzt sich mit seiner Kutsche endlich zur Farm durchgekämpft hatte, war das kleine Mädchen todkrank. Der Arzt blieb vierundzwanzig Stunden im Haus, bis das Schlimmste überstanden war. Die ganze Farm war in Aufruhr, niemand konnte auch nur an Schlaf denken.

Endlich trat der Arzt zu seinen Eltern und legte ihnen die Hände auf die Schultern. Und der kleine Junge hörte ihn sagen: »Gott sei Dank! Ich bin glücklich, Ihnen sagen zu dürfen, daß die kleine Mary wieder gesund werden wird.« Und der Junge konnte in diesem Augenblick die Gesichter seiner Eltern sehen. Sie waren so schön wie nie zuvor, so hell und überaus glücklich. Und was diese Veränderung bewirkt hatte, waren die Worte des Arztes gewesen.

»In jenem Augenblick«, endete mein Freund, »beschloß ich, Arzt zu werden, damit ich den Leuten auch solche Dinge sagen könnte, die ein solches Leuchten in ihre Augen und eine derart innige Freude auf ihre Gesichter zaubern würden.«

Sie brauchen nicht Arzt zu sein, um das zu sagen oder zu tun, was Licht in die Augen und Freude aufs Antlitz bringt. Befolgen Sie einfach das Gebot Jesu, wir sollen einander lieben. Gehen Sie hin, und tun Sie etwas für einen Mitmenschen. Das sind die Dinge, die die Menschen glücklich machen.

»Selig seid ihr, wenn ihr das wißt und danach handelt.«
(Johannes 13,17)

Das ist die einzige, nie versiegende Quelle der Freude und Begeisterung, über die wir in diesem Buch sprechen.

Kein Wunder, daß das Christentum, das uns ja den Weg zu einem glücklichen Leben zeigt, so viel Gewicht auf Liebe legt. Es gibt drei große Wörter – *Glaube*, *Hoffnung* und *Liebe;* aber das größte der drei großen Wörter ist in jeder Sprache der Welt das Wort *Liebe.* Und: »Die Liebe hört niemals auf.«
(1. Korinther 13,8)

Johannes sagte:

»Es gibt keine größere Liebe, als wenn einer sein Leben für seine Freunde hingibt.« (Johannes 15,13)

»Und dieses Gebot haben wir von ihm: Wer Gott liebt, soll auch seinen Bruder lieben.« (Johannes 4,21)

Und im Brief an die Galater ist zu lesen:

»Einer trage des andern Last; so werdet ihr das Gesetz Christi erfüllen.« (Galater 6,2)

Und wer auf seiner Reise durch dieses Leben Freundlichkeit und Liebe für die anderen Menschen übrig hat, erfüllt die Voraussetzungen für ein gutes und glückliches Leben, die wie Diamanten in die Bibel eingebettet sind. Das folgende Gedicht von Henry Burton ermutigt uns, unsere Freude an unsere Mitmenschen weiterzugeben:

Gib weiter

Empfängst du eine Freundlichkeit?
  Gib sie weiter.
Sie war nicht nur für dich bestimmt.
  Gib sie weiter.
Laß sie die Jahre überdauern,
dem Nächsten lindern Schmerz und Leid,
bis auch der Himmel von ihr weiß.
  Gib sie weiter.

Vernimmst ein Wort der Liebe du?
  Gib es weiter.
Erfreuet dich der Vögel Lied?
  Gib es weiter.
Laß die Musik lebendig werden,
den Nächsten spenden Trost und Mut;
du hast der andern Saat geerntet.
  Gib sie weiter.

Da war ein Lächeln, strahlend hell.
  Gib es weiter.
Nur flüchtig hat es dich gestreift.
  Gib es weiter.
April: die kurze Frühlingszeit
weckt aus dem Schlaf die Blumen,
verlockt die Vögel zum Gesang.
  Gib sie weiter.

Etwas vom Glückbringenden, was Sie für einen andern Menschen tun und aus dem Sie neue Freude und Begeisterung für sich selber gewinnen können, besteht darin, diesem Menschen bei einer schweren Erfahrung beizustehen und ihm darüber hinwegzuhelfen. Ich kenne einen Geschäftsmann in mittleren Jahren, der meine Lebensfreude stets aufs neue weckt, wenn ich ihn sehe, denn er erinnert mich unweigerlich immer an den Tag, an dem er in seiner beruflichen Laufbahn »den Tiefpunkt erreicht« hatte, wie er es auszudrücken beliebt. Er behauptet, ich wäre es gewesen, der ihm geholfen habe, sich von einem Schlag zu erholen, »der ihn beinahe fertiggemacht hätte«. In Wirklichkeit habe ich gar nicht so viel für ihn getan; ich habe ihm einfach zugehört und ihm eine kleine Geschichte voll menschlicher Weisheit erzählt, die ihn zutiefst beeindruckt haben muß. Jedenfalls hat sie ihm geholfen, vom Mißerfolg wieder auf den Weg des Erfolgs zurückzufinden.

Ich sprach mit einem jungen Mann, der von seinem Arbeitgeber wegen eines schwerwiegenden Fehlers entlassen worden war. Ein bißchen seltsam, dachte ich, daß eine Firma einen jungen Mann wegen eines Fehlers hinausschmeißt. Ich kannte einen bekannten Firmenboß, der seinen Arbeitern wenigstens zwei Fehler zugestand. Überall in seiner Fabrik hingen Plakate mit der Aufschrift:

WER ZWEIMAL ÜBER DEN GLEICHEN STEIN STOLPERT, HAT NICHTS ANDERES VERDIENT, ALS SICH DEN HALS ZU BRECHEN.

Ich versuchte dem am Boden zerstörten jungen Mann begreiflich zu machen, daß Fehler ihre Ursache in einer falschen Denkweise, in Unerfahrenheit oder in Fahrlässigkeit haben können. Auf jeden Fall aber sollte man aus dem, was man falsch gemacht hat, seine Lehren ziehen und nicht einfach daran verzweifeln. Wenden Sie sich wieder nach vorn; blicken Sie in die Zukunft; versuchen Sie es noch einmal. Damals lag auf meinem Pult zufällig der Leitartikel des *Toledo Blade,* der von meinem alten Freund Grove Patterson stammte, einem bekannten Zeitungsredakteur, für den ich einmal bei einer Detroiter Zeitung gearbeitet hatte. Der Artikel trug die Überschrift: *Wasser unter der Brücke.* Ich las ihn dem verzweifelten jungen Mann vor:

> Vor langer Zeit lehnte sich einst ein Junge über das Geländer einer Brücke und sah in den Fluß hinunter. Ein Ast, ein Stück Treibholz zog vorbei, dann lag die Oberfläche wieder spiegelglatt vor ihm. Aber immer, wie seit hundert oder tausend Jahren, vielleicht sogar seit einer Million Jahren, floß das Wasser unter der Brücke vorbei. Manchmal war die Strömung etwas heftiger, dann wieder ganz ruhig, aber immer zog der Fluß unter der Brücke vorbei.
>
> Als er an jenem Tag in den Fluß hinunterschaute, machte der Junge eine Entdeckung. Es war nicht die Entdeckung von irgend etwas Materiellem, von etwas, worauf er den Finger hätte legen können. Er konnte es nicht einmal sehen. Er hatte eine Idee entdeckt. Ganz unvermittelt, aber auch ohne Aufregung, wußte er, daß alles in seinem Leben unter der Brücke hindurchziehen und wie das Wasser entschwinden würde.

Der Junge fand Gefallen an den Worten *Wasser unter der Brücke.* Sein ganzes Leben lang erwies sich dieser Gedanke immer wieder als sinnvoll und hilfreich. Wenn es dunkle und schwere Tage gab, wenn er einen unverzeihlichen Fehler begangen oder etwas Unwiederbringliches verloren hatte, pflegte der inzwischen zum Mann herangewachsene Junge zu sagen: »Das war Wasser unter der Brücke.«

Und danach machte er sich um seine Fehler keine allzu großen Sorgen mehr, und er ließ sich schon gar nicht von ihnen unterkriegen, denn es war eben *Wasser unter der Brücke.*

Der junge Mann saß lange schweigend da. Dann stand er auf. Ich hatte das Gefühl, der Leitartikel habe seine Wirkung getan. »Gut«, sagte er, »ich habe verstanden. Es ist Wasser unter der Brücke. Ich versuche es nochmals.« Und fortan machte er seine Sache gut, denn er hatte die große Wahrheit gelernt, daß kein Fehler jemals endgültig zu sein braucht.

Weil Sie versagt, einen Fehler gemacht oder unklug gehandelt haben, heißt das noch lange nicht, daß es Ihnen an Intelligenz oder Geschick mangelt. Jedermann kann hie und da einmal straucheln oder sogar ganz übel stürzen. Aber das bedeutet eben nicht, daß mit Ihnen etwas nicht stimmt. Fangen Sie sich einfach geistig wieder auf. Sagen Sie zu sich: »Nun gut, es ist halt geschehen, aber nun ist es vorbei. Ich wende dem allem meinen Rücken zu und blicke nun zuversichtlich in die Zukunft.« Hören Sie nicht auf, an sich selber zu glauben. Haben Sie Vertrauen.

Der junge Mann machte noch mehr Fehler, wie wir das alle auch tun, aber von da an wußte er, wie er damit zurechtkommen konnte, und er machte eigentlich verhältnismäßig wenige und leichte Fehler. Es ist keineswegs seltsam, daß wir glücklich und begeistert sind, wenn wir uns in großen Abständen einmal wiedersehen, denn so soll es zwischen dem Hilfesuchenden und dem Helfer durchaus sein.

Die berühmte Dichterin Emily Dickinson hat zu diesem Problem der Hilfeleistung etwas sehr Wichtiges zu sagen:

Wenn ich nur eines verhindern kann

Wenn ich nur verhindern kann, daß ein einzig Herze bricht,
ist mein Leben nicht umsonst.
Wenn ich ein Leid lindern kann, einen Schmerz nur stillen,
ist mein Leben nicht umsonst.

Und auch der bekannte Schriftsteller Henry Drummond leistet einen Beitrag zu diesem Thema:

Das Entgelt

Anstatt es zuzulassen, daß du unglücklich bist, solltest du deine Liebe wachsen lassen, wie Gott sie gedeihen lassen will. Suche das Gute in den andern. Liebe noch viele Menschen mehr. Liebe sie unpersönlicher, selbstloser, ohne an Entgelt zu denken. Hab keine Angst, das Entgelt wird sich von selbst einstellen.

George Eliot warnt uns, keinen Tag verstreichen zu lassen, ohne daß wir etwas tun, um mindestens einem andern Menschen zu helfen, das heißt, wenn wir erwarten, ein glückliches Leben zu haben:

Drum setze dich hin bei Einbruch der Nacht
und zähle die Taten, die du vollbracht:
  Und findest du dann
ein herzliches Wort, eine selbstlose Tat,
eine sanfte Berührung, einen sinnvollen Rat,
  einen feindlichen Blick,
einen mutigen Ansatz zu neuem Beginn:
dann ist dieser Tag für dich ein Gewinn.
Doch hast du den lieben und langen Tag
überhaupt nichts getan, was dein Nächster gern mag.
  und hast du bestimmt
die ganze Zeit über gar nichts gemacht,
was Sonnenschein in eine Seele gebracht;
  bist du dir zudem
auch nicht der geringsten Hilfe bewußt,
dann ist dieser Tag mehr als ein Verlust.

An einem Weihnachtsabend machte ich in Brooklyn, New York, eine sehr wichtige Erfahrung. Ich war glücklich und zufrieden, weil in meiner Kirchengemeinde alles zum Besten bestellt war. Als junger, lediger Pfarrer hatte ich einen schönen Abend bei Freunden verbracht und verabschiedete mich vor der Haustür von ihnen.

In der ganzen Straße waren die Häuser zu Ehren von Christi Geburtstag geschmückt. Plötzlich stachen mir zwei Kränze am Haus gegenüber ins Auge. Der eine Kranz trug die traditionelle rote Schleife, verkündete Freude und Fröhlichkeit. Die andere Schleife aber war schwarz – das Symbol für einen Todesfall in der Familie. Es war damals und an diesem Ort üblich, ein Trauerhaus mit einem solchen Kranz zu kennzeichnen.

Irgend etwas an dieser unerwarteten Kombination von Freude und Leid bewegte und beeindruckte mit tief. Ich erkundigte mich bei meinem Gastgeber. Es sagte, das Haus würde von einem jungen Ehepaar mit kleinen Kindern bewohnt, aber er kenne die Leute nicht. Sie seien erst vor kurzem hierhergezogen.

Ich sagte gute Nacht und ging die Straße hinunter. Aber ich war noch nicht weit gekommen, als mich etwas zwang, umzukehren. Auch ich kannte diese Leute nicht. Aber es war Weihnachten, und wenn es Freude oder Leid zu teilen galt, war es meine Berufung, dies zu tun.

Zögernd trat ich vor die Tür und läutete. Ein großer, junger Mann öffnete mir und sprach mich freundlich an. Ich erzählte ihm, ich sei der Pfarrer der Kirche ganz in der Nähe und ich hätte die Kränze gesehen und sei gekommen, mein Beileid auszudrücken.

»Treten Sie ein«, sagte der Mann ruhig. »Es ist sehr freundlich von Ihnen, daß Sie gekommen sind.«

Im Hause herrschte tiefe Stille. Im Kamin des Wohnzimmers brannte ein Feuer. In der Mitte des Zimmers stand ein kleiner Sarg. Darin lag ein Mädchen von vielleicht sechs Jahren. Das Bild dieses Mädchens, das in einem hübschen weißen Totenhemd da lag, hat sich für alle Zeiten in mein Gedächtnis eingebrannt. Daneben stand ein Stuhl, auf dem der Mann neben seinem toten Kind Wache gehalten hatte.

Ich war so erschüttert, daß ich kaum Worte fand. *Was für ein Weihnachtsabend,* dachte ich bei mir. Allein in der Nachbarschaft, ohne Freunde oder Verwandte, ein schmerzlicher Verlust. Der junge Mann schien meine Gedanken zu lesen. »Sie ist nun beim Herrn, wissen Sie.« Seine Frau sei oben mit den beiden kleineren Kindern. Er führte mich hinauf.

Die junge Mutter las zwei kleinen Buben aus einem Buch vor. Sie hatte ein hübsches Gesicht, traurig und dennoch heiter. Und plötzlich wußte ich, warum diese Familie zwei Kränze über die Tür hängen konnte, von denen der eine das Leben, der andere den Tod bedeutete. Sie hatten es tun können, weil sie wußten, daß alles ein einziger Ablauf ist, daß alles Teil von Gottes wunderbarem und gnädigem und vollkommenem Plan für uns alle ist. Sie wußten um das große Versprechen.

»... weil ich lebe und weil auch ihr leben werdet«

(Johannes 14,19).

Sie hatten es vernommen und glaubten daran. Und deshalb konnten sie gemeinsam in Liebe und Würde, Mut und Ergebenheit weitergehen.

Das junge Paar fragte, ob es in meine Kirche eintreten dürfe. Und so wurden wir gute Freunde. Seither sind viele Jahre verstrichen, aber nicht ein Jahr ging ins Land, ohne daß ich von dieser Familie eine Karte zum Zeichen ihrer Liebe und Dankbarkeit erhalten hätte.

Aber eigentlich bin ich es, der dankbar ist.

Manchmal erinnere ich mich an das Gedicht eines unbekannten Autors, das von der einfachen Freundlichkeit handelt, die wir alle verbreiten sollten:

Den Weg werd ich nicht nochmals gehn

Durch der Welt mühselig Tal
zieh ich nur ein einzig Mal.
Hör ich meinen Nächsten klagen,
will ich rasch und ohne Zagen
freundlich zu ihm sein und dann
helfen, wo ich helfen kann.
Eins kann ich nämlich jetzt schon sehn:
Den Weg werd ich nicht nochmals gehn.

Die Freude, die uns zuteil wird, und die Begeisterung, die uns erfaßt, wenn wir an die Vernachlässigten und Einsamen denken, sind nicht zu unterschätzen. Und dieses Gut ist oft so einfach zu erlangen. Es braucht nur einen Telefonanruf oder einen Brief, um das erste Glied einer Kette von Freude und Dankbarkeit zu schmieden.

Dr. William L. Stidger, ein großartiger, großherziger Mann, Universitätsprofessor und Pfarrer, war mein Freund. An einem Thanksgiving Day (amerikanisches Dankfest am letzten November-Donnerstag, Anm. d. Übs.) in einem Jahr der Rezession, an dem all seine Freunde murrten, es gäbe ja gar nichts, für das man dankbar sein könne, wurde er sehr nachdenklich. Er setzte sich hin und schrieb die folgenden Zeilen:

> Wir waren ein paar Freunde, die sich nach dem Abendessen noch angeregt unterhielten. Weil das Dankfest unmittelbar bevorstand und es uns allen eigentlich nicht besonders gut ging, kam das Gespräch auf die Frage, wofür wir denn eigentlich Gott danken sollten. Wenn ich daran zurückdenke, scheint mir dieses Gespräch mit sehr viel Zynismus gewürzt gewesen zu sein.
>
> Einer der Freunde, ein Pfarrer, umriß uns in kurzen Worten seine Predigt zum Thema *Dankbar wofür, in diesem Jahr der Depression?*. Seine Ansichten wirkten so negativ, daß wir anderen mit heftiger Kritik über ihn herfielen.
>
> »Gut, gut, ich bin Realist, und es war meine Absicht, ehrlich zu sein«, wehrte er sich. »Wenn ihr – wie ihr so sagt – meine negative Einstellung zum Dankfest nicht teilt, dann gebt mir doch etwas Positives, über das ich sprechen kann.«
>
> Nun begannen wir zu überlegen, wofür wir denn dankbar sein könnten. Einer von uns meinte schließlich: »Nun, was mich angeht, ich bin Mrs. Wendt dankbar, meiner ehema-

ligen Lehrerin, die vor gut dreißig Jahren in einer kleinen Stadt in Virginia alles tat, um mir das Werk des großen englischen Dichters Alfred Lord Tennyson nahezubringen.«

Dann begann er Mrs. Wendt in farbigen Worten zu beschreiben: eine liebenswürdige, alte Dame, die an der Oberschule seine Lehrerin gewesen war und in seinem Leben offenbar tiefe Spuren hinterlassen hatte. Sie hatte alles unternommen, um sein Interesse für Literatur zu wecken und seine Ausdrucksfähigkeit zu verbessern. Es war eine intensive und sehr lebhafte Beschreibung einer einfachen und natürlichen Lehrerin in einer kleinen Stadt, die ihre Aufgabe sehr ernst genommen hatte.

»Und weiß diese Mrs. Wendt, was sie zu deinem Leben beigetragen hat?« fragte einer von uns dazwischen.

»Wohl nicht. Daran habe ich nie gedacht, und ich habe es ihr in all diesen Jahren weder persönlich noch brieflich verraten.«

»Warum schreibst du ihr dann nicht? Sie wäre sicher glücklich darüber, wenn sie noch lebt, und es würde vielleicht auch dich glücklicher machen. Die meisten von uns müßten eben lernen, unserer Dankbarkeit Ausdruck zu verleihen.«

Nun, das ist alles ein wenig bitter für mich, denn Mrs. Wendt war *meine* Lehrerin, und *ich* war der Mann, der ihr nicht geschrieben hat. Die Worte meines Freundes brachten mir die Einsicht, daß ich etwas sehr Wertvolles angenommen hatte, ohne mich je dafür zu bedanken.

Noch am gleichen Abend versuchte ich das Versäumte gutzumachen. Auf gut Glück hin, daß Mrs. Wendt noch am Leben war, schrieb ich ihr einen Brief zum Dankfest. Ich erinnerte sie daran, daß *sie* mich vor vielen Jahren mit Tennyson, Browne und andern vertraut gemacht hatte.

Die Post benötigte ungefähr eine Woche, um Mrs. Wendt ausfindig zu machen. Mein Brief wurde von Ort zu Ort weitergeleitet. Kurze Zeit, nachdem sie ihn erhalten hatte, bekam ich in der zittrigen Handschrift einer alten Dame Antwort, und sie begann wie folgt:

Mein lieber Willie,
(Diese Anrede genügte schon, um Wärme in mir aufsteigen zu fühlen. Da war ich nun ein Mann von fünfzig Jahren, dick und ohne Haare, und sie sprach mich mit ›Willie‹ an. Ich mußte lachen, ehe ich weiterlas.)

Ich erinnere mich gut an Ihre Begeisterung für Tennyson und die Königs-Idyllen, die ich damals vorlas, denn Sie reagierten so herrlich darauf. Mein Lohn dafür, daß ich Ihnen von Tennyson erzählte, mußte nicht warten, bis ich nun in hohem Alter einen verspäteten Dankesbrief von Ihnen bekam. Mein schönster Lohn war Ihre eifrige Reaktion auf die lyrische Schönheit und den Idealismus in Tennysons Werk. Ich werde nie vergessen, wie Sie damals vor der ganzen Klasse deklamierten.

Aber ungeachtet der Tatsache, daß ich den größten Teil meines Lohns damals erhielt, möchte ich Ihnen doch sagen, was mir Ihr Brief bedeutet. Ich bin nun eine alte Frau um die Achtzig, lebe allein in einem kleinen Zimmer, koche für mich meine Mahlzeiten, bin einsam und anscheinend das letzte Herbstblatt, das noch übriggeblieben ist.

Es wird Sie interessieren, Willie, daß ich fünfzig Jahre lang unterrichtet habe und daß Ihr Brief in all den Jahren der erste Dankesbrief ist, den ich je erhalten habe. Er kam an einem traurigen, kalten Morgen an, und er hat mein einsames altes Herz erwärmt wie selten etwas zuvor in vielen, vielen Jahren.

Mir kamen die Tränen über diesen einfachen und aufrichtigen Brief meiner ehemaligen Lehrerin. Ich las ihn einem

Dutzend Freunden vor. Einer von ihnen sagte: »Ich glaube, ich werde Miss Mary Scott einen Brief schreiben. Sie tat Ähnliches für mich, als ich ein kleiner Junge war.«

Dieser erste Dankfest-Brief war so erfolgreich und befriedigend, daß ich eine Liste jener Leute zusammenstellte, die etwas Wichtiges und Bleibendes zu meinem Leben beigetragen hatten, und nahm mir vor, jeden November an jenem Tag mindestens einen Dankfest-Brief zu schreiben. Auf dieser Liste standen mein Vater und meine Mutter, meine Brüder und Schwestern, alle meine Lehrer an den verschiedenen Schulen, einige Amtskollegen und Freunde, die in schweren Stunden an meine Seite geeilt waren und mir geholfen hatten, in der Dunkelheit das Licht zu erkennen. Die Liste umfaßte über hundert Namen, und ich hatte mich bei keinem von ihnen bedankt! Ich konnte es kaum erwarten, meinen zweiten Brief zu schreiben.

Er ging an Louis Sherwin, einen Freund aus der Studienzeit, der jetzt in Chicago Pfarrer an einer Presbyterianer-Kirche ist.

Eines Tages war er in Moundsville, West Virginia, eingetroffen. Es war mitten im Sommer, und ich hatte kurz zuvor meine Studien abgeschlossen. Ich lag in einer alten Hängematte aus Faßdauben, die ich selbst angefertigt hatte. Er setzte sich auf die Stufen unserer Veranda und sprach davon, er wolle ans Allegheny College gehen. Ich erinnere mich, daß er voller Begeisterung von der Football-Mannschaft, von der herrlichen Schulanlage und natürlich von den ausgezeichneten Professoren schwärmte. Dort und damals beschloß ich, auch auf seine Universität zu gehen, woraufhin er das Thema fallen ließ und aus seiner Tasche ein kleines, ledergebundenes Büchlein von Robert Louis Stevenson zog. Daraus las er mir eine halbe Stunde lang vor, und bevor er wegging, schenkte er es mir. Und ich habe es heute noch.

In meinem Dankfest-Brief an Louis fragte ich ihn, ob er sich an jenen heißen Sommernachmittag erinnere und an das kleine Geschenk, das er mir gemacht habe. Eine Woche später kam seine Antwort. Er lebte nun in Oil City, Pennsylvania. Die letzte Zeile seines Briefes lautete: »Ich habe keine leichten Zeiten hinter mir, Bill, und ich kann dir nicht sagen, wie sehr mir dein Brief geholfen hat.«

Im folgenden Sommer erhielt ich aus Edinburgh ein weiteres in Leder gebundenes Buch von Stevenson aus seiner eigenen Stadt. Louis war mir für meinen Dankfest-Brief so dankbar, daß er auf seiner Reise durch Schottland sogar an mich gedacht hatte.

Die Dankfest-Briefe, die ich in jenem November schrieb, waren fünfzig an der Zahl. Außer zweien wurden alle sofort beantwortet, und diese beiden wurden von Verwandten an mich zurückgeschickt mit dem Vermerk, daß die beiden Personen nicht mehr lebten. Und selbst in jenen Briefen schwang der Dank für ein bißchen Aufmerksamkeit mit.

Seit zehn Jahren treibe ich nun dieses aufregende Spiel, im Dankfest-Monat Briefe zu schreiben. Ich habe mir einen besonderen Aktenordner für die Antworten angelegt und besitze nun über fünfhundert der schönsten Briefe, die jemals jemand bekommen hat. Ich hätte mir nie träumen lassen, daß ich eine derart befriedigende Reaktion auslösen würde. Mir war es mehr darum gegangen, mich selber zu etwas mehr Dankbarkeit zu erziehen, wie dies mein Freund an jenem Abend vorgeschlagen hatte.

Einer der schönsten und ergreifendsten Briefe kam vom Bischof William F. McDowell aus Washington, in dessen Haus ich vor einem meiner Vorträge noch eine Erholungspause eingelegt hatte. Als Mrs. Dowell sah, wie erschöpft ich war, schickte sie mich schlafen, und ich war für diese mütterliche Fürsorge so dankbar, daß ich sie nie vergaß. Und dennoch hatte ich ihr nie ein Wort des Dankes geschrieben.

Als ich meine Dankfest-Briefe zu verschicken begann, erinnerte ich mich an sie, und da ich wußte, daß sie verstorben war, adressierte ich meinen Brief an den Bischof, der mir folgende Antwort zukommen ließ:

Mein lieber Will,
Ihr Brief zu Thanksgiving, wie Sie ihn nannten, war so schön, so echt, daß mir Tränen kamen, als ich ihn in meinem Studierzimmer las, Tränen der Dankbarkeit. Dann, bevor mir richtig bewußt wurde, was ich tat, erhob ich mich vom Stuhl, rief ihren Namen und wollte ihn ihr zeigen – im Augenblick vollkommen vergessend, daß sie ja nicht mehr unter uns weilt. Sie werden nie wissen, wie sehr Ihr Brief meinen Geist erbaut hat. Ich bin den ganzen Tag lang im Gefühl seiner Wärme
einhergegangen.

Ein Dankfest-Brief ist nicht viel. Es bedarf nur einiger Zeilen und einer Briefmarke. Aber das Entgelt ist so groß, daß nur die Ewigkeit es wird abschätzen können. Selbst jetzt, in dunklen Augenblicken der Mutlosigkeit, lese ich wieder ein paar Antworten auf meine Thanksgiving-Briefe, um die düsteren Schatten zu vertreiben.

Ich habe mich oft gefragt, woher Bill Stidger seine Freude genommen hat, die ihn so sehr ausgezeichnet haben. Und diese kleine Geschichte verrät mir nun sein Geheimnis.

Aber es gibt Menschen, die sich offenbar davor fürchten, glücklich zu sein. Im Unterbewußtsein fühlen sie, daß sich etwas Schlimmes ereignen wird. Sie mögen sogar glauben, es sei angesichts der unsagbaren Leiden auf unserer Welt ungerechtfertigt, glücklich zu sein. Aber man hilft den Unglücklichen kaum, indem man selbst auch unglücklich handelt. Durch Ihr Glück können Sie diese Leute auffangen, und durch einen frohen, enthusiastischen Geist können Sie hingehen und die Welt für alle Menschen ein bißchen besser machen.

Um glücklich zu sein, mag es vielleicht genügen, einfach zu lächeln, Gutes zu tun und sich am Glück der andern zu freuen.

Charles Lamb sagt dazu:

> Das größte Vergnügen, das ich kenne, besteht darin, im geheimen etwas Gutes zu tun und dann durch Zufall dabei entdeckt zu werden.

Und Archibald Rutledge drückt sich ähnlich aus:

> Eine der sichersten und schönsten Freuden des Lebens rührt daher, daß man darüber glücklich ist, daß das Schicksal es mit andern so gut meint.

Und mir gefällt auch, was Robert Louis Stevenson dazu gesagt hat:

> Ein glücklicher Mensch ist ein strahlender Brennpunkt guten Willens, und wenn er einen Raum betritt, ist es, als ob noch eine Kerze angezündet worden wäre.

Mein Freund Frank Bettger schrieb:

> Tausende von Frauen und Männern habe ich in meinen Vorträgen aufgefordert, einmal nur dreißig Tage lang ein Lächeln auf ihr Gesicht zu zaubern und es allen Menschen, die ihnen begegnen, zu schenken. Meistens haben sich fünfundsiebzig Prozent der Zuhörer bereit erklärt, den Versuch zu

wagen. Und das Ergebnis? Hier ist ein Brief unter vielen, die mir zugingen:

»Meine Frau und ich hatten eben beschlossen, uns zu trennen. Natürlich war ich der Meinung, sie trage alle Schuld. Einige Tage, nachdem ich das Experiment begonnen hatte, spürte ich, wie sich in meinem Hause einiges änderte. Es wurde mir klar, daß ich in meinem Beruf dank meiner düsteren Miene keinen Erfolg hatte. Am Abend zeigte ich auch meiner Frau und den Kindern ein frohes Gesicht. *Ich,* nicht meine Frau, trug die Schuld an unserer Krisis. Ich bin heute ein ganz anderer Mensch als vor einem Jahr. Ich fühle mich glücklich, weil ich andere glücklich mache, und jedermann grüßt mich heute freundlich zurück. Außerdem hat sich meine berufliche Stellung merklich gebessert.«

Dieser Kursteilnehmer war so begeistert vom Ergebnis des Experiments, daß er mir noch nach vielen Jahren Briefe schrieb.

Wenn Sie nur genügend Liebe in Ihrem Herzen haben, um hinzugehen und den Menschen zu helfen, werden Sie außerordentliche Freude erfahren und in Begeisterung und freudiger Aufregung leben.

Die folgende Geschichte von Alexander Lake, einem Zeitungsreporter, wird Ihr Herz mit Freude erfüllen, und Sie werden größeren Respekt vor dem haben, was Menschen sein können.

Das Weihnachtswunder

Ich war Polizeiberichterstatter bei der *Post Intelligence* in Seattle. Es war Weihnachtsabend, und ich saß untätig im Presseraum der Polizeistation hinter meiner Schreibmaschine, als mich ein überwältigender Impuls zum Pioneer

Square hinuntertrieb, drei Straßen weiter unten, wo ich gerade noch rechtzeitig eintraf, um den geladenen Revolver vom Kopf eines Mannes wegzuschlagen, der Selbstmord begehen wollte.

Ein feiner Sprühregen fiel, und die Waffe glitt über das feuchtglänzende Pflaster und blieb im Gras liegen. Der kleine Park war menschenleer. Einen unwirklichen Augenblick lang starrte ich auf die beleuchteten Zeiger einer Uhr im Fenster eines Restaurants auf der gegenüberliegenden Straßenseite. Es war fünf Minuten nach sieben.

Drei oder vier Minuten zuvor hatte ich im warmen, schlecht belüfteten Reporterraum halb vor mich hingedöst. Nun stand ich hier am Ende der Skid Row mit einem Mann, dem ich eben das Leben gerettet hatte.

Woher war dieser Impuls gekommen, der mich in diese fürchterliche Nacht hinausgejagt hatte? Was hatte mich genau zu jenem Ort geführt, wo ein Mitmensch sich eben selber in die Ewigkeit befördern wollte? Es kam mir so phantastisch vor, daß ich mich fragte, ob ich träume. Ich hatte aber kaum viel Zeit, darüber nachzudenken, denn der Mann sank plötzlich in die Knie und begann im Gras nach der Waffe zu suchen.

Ich stieß ihn mit dem Fuß an, und er fiel flach auf den Boden. Ich nahm den Revolver auf und ließ ihn in meine Manteltasche gleiten. Dann half ich dem Mann wieder auf die Füße. Er schluchzte vor sich hin.

»Hör auf damit, Mann«, sagte ich. »Ich bin hier, um Ihnen zu helfen. Gehen wir dort hinüber ins Restaurant, und essen wir eine heiße Suppe.«

Er gab keine Antwort. Ich legte die Hand auf seine Schulter.

»Um Gottes willen«, sagte er, »verschwinden Sie, lassen Sie mich in Ruhe.« Dann schlug er die Hände vor sein Gesicht.

Der Regen rann mir kalt den Nacken hinunter, und ich zog den Mantelkragen höher. »Na los, Jack, das reicht«, sagte ich energisch.

Er schaute mich an und fragte: »Kennen Sie mich?«

»Nein.«

»Aber Sie haben mich *Jack* genannt.«

»Zufall. Gut, Jack. Gehen wir irgendwohin, wo es trocken ist, wo wir reden können.«

Er schüttelte den Kopf. »Ich will nicht reden«, sagte er. Aber er wollte doch reden, denn plötzlich begannen die Worte nur so herauszusprudeln.

»Ich kann nicht mehr«, sagte er. »Ich kann nicht zu ihnen gehen. Sie haben nichts zu essen. Keine Weihnachtsgeschenke. Ich bin müde und krank. Ich bin in der Hölle.«

»Wer sind ›sie‹?« fragte ich.

»Meine Familie. Meine Frau und meine Kinder. Ich bin nun seit sechs Tagen mit diesem Zeug unterwegs.« Er deutete auf ein Bündel, das auf dem Gehsteig lag. »Es soll verhindern, daß Windschutzscheiben beschlagen«, erklärte er mir. »Ich habe versucht, es zu verkaufen. Sechs Tage lang. Und wissen Sie, wieviel dabei herausgeschaut hat? Fünfundsiebzig Cent.«

»Wie wär's mit dieser Suppe, Jack?«

»Ja... Jack«, murmelte er bitter. »Jack Bryan, Autozubehör. Wissen Sie was? Die Polizei versiegelte letzte Woche mein Geschäft. Sie ließen mich nicht einmal das Geld aus der Ladenkasse nehmen. Das Auto ging an die Firma, die es finanziert hatte. Kein Geld. Nichts zu essen zu Hause. Dann ging ich mit diesem Windschutzscheibenzeug auf die Straße. Sechs Tage lang. Fünfundsiebzig Cent. Ich werde verrückt vor Sorgen. Ich sah diesen Revolver in einer Tankstelle und stahl ihn. Nichts zu essen zu Hause. Kein Geld für die Miete. Sechs Tage...«

»Ja, ja, Jack«, unterbrach ich, denn er begann sich da in etwas hineinzusteigern. Er fror und war durchnäßt; wahrscheinlich hatte er auch Hunger. Ich nahm ihn mit über die Straße und schob ihn ins Restaurant.

Die Suppe bekamen wir nie. Im Restaurant drin ging ich zur Telefonzelle und rief meinen Redakteur in der Stadt an. Er befahl mir, zur Leichenhalle hinüberzurasen und mit dem Leichenwagen hinauszufahren, um eine Frau abzuholen, die ermordet worden sei.

Ich packte Bryan am Arm und schleppte ihn die Straße hinauf in die Garage der Leichenhalle. Bill Corson, der Sohn des amtlichen Leichenbeschauers, saß am Steuer. Wir setzten uns neben ihn, und hinaus ging es in die Nacht.

Bryan schien weder zu wissen noch sich dafür zu interessieren, was vor sich ging. Er saß neben mir, schweigend und in sich zusammengesunken. Ich streckte ihm zwei Zehn-Dollar-Scheine hin, aber er stieß sie weg. Und so knüllte ich sie zusammen und steckte sie ihm in die Manteltasche.

Corson bog hinter dem Bahnhof King Street links ab und preschte durch Schlamm und Dreck ins schlimmste Elendsviertel von Seattle – in eine Gegend, wo arme Italiener hausten. Wir hielten vor einem baufälligen Haus an, in dem sich klagende und heulende Nachbarn drängten. Corson und ich trugen den Sarg, Bryan folgte uns.

Wir stellten den Sarg in einem kleinen Schlafzimmer auf den Boden. Auf einem klapprigen Bett lag die Leiche einer großen, von der Arbeit abgezehrten Frau. Sie war nicht ermordet worden, sie war einfach in ihrer Waschwanne tot umgefallen.

Corson scheuchte die Nachbarn in den Hof hinaus. Der Ehemann und fünf kleine Kinder blieben, eng aneinandergedrängt, am Fuß des Bettes stehen.

Ich werde das Elend in den Augen jenes Mannes nie vergessen. Auch Bryan entging es nicht: als Corson und ich den leblosen Körper in den Sarg wuchteten, trat er zum Mann hin und steckte ihm wortlos eine der beiden Zehn-Dollar-Noten zu, die ich ihm in die Tasche geschoben hatte.

Der Ehemann schluchzte, und die Kinder fielen mit zitternden Stimmen ein. Corson verschloß den Deckel des Sarges, und wir trugen unsere Last durch die Menge der Nachbarn hinaus und luden ihn in den Wagen ein.

Als wir drei einstiegen, sagte Bryan: »Ich muß nach Hause. Bitte, bringt mich nach Hause. Ich muß verrückt gewesen sein. Ich habe gar nicht gewußt, was Elend wirklich ist.«

Corson bog in die James Street ein und ließ Bryan und mich vor einem kleinen weißen Haus aussteigen. Bryan eilte die Treppe hinauf. Ich folgte ihm etwas langsamer. Ich hielt in der kleinen Diele inne und schaute in die Küche hinein. Mit geschlossenen Augen umschlang Bryan seine Frau, als ob er sie nie mehr loslassen wollte. Zwei kleine, ungefähr drei und fünf Jahre alt Mädchen umklammerten je ein Bein ihres Papas.

Dann bemerkte mich Mrs. Bryan und löste sich aus den Armen ihres Mannes. Sie kam in die Diele hinaus und schloß die Tür. »Er war so voller Sorge und krank«, sagte sie mit Tränen in den Augen. »Heute abend, als er um sieben Uhr noch nicht zu Hause war, kniete ich hin und bat Gott, sich um ihn zu kümmern und ihn mir sicher heimzubringen. Und jetzt ist er da.«

Und mir wurde klar, wieso mich dieser Impuls, der mich zum Pioneer Square hinuntertrieb, genau um sieben Uhr erfaßt hatte. Ich fühlte Ehrfurcht und Demut in mir aufsteigen.

»Sein Geschäft ging in Konkurs«, sagte Mrs. Bryan, »aber ich mache mir keine Sorgen. Ich habe Gott gebeten, auch das in Ordnung zu bringen.«

Ich schaute in Mrs. Bryans ruhige Augen und dachte: Es war der Gottesglaube dieser Frau, der mich in diese fürchterliche Nacht hinausgejagt hatte, um ihr ihren Mann nach Hause zu bringen.

Ich sagte: »Ich bin sicher, daß sich alles so ergeben wird, wie Sie es möchten, Mrs. Bryan.«

Ich bat sie, mich in der Polizeistation anzurufen, wenn sie mich brauchen sollte, und trat auf die kleine Veranda hinaus.

Als die Tür hinter mir ins Schloß fiel, kam mir in den Sinn, daß Bryan zehn Dollar dem Italiener gegeben hatte, und so ging ich nochmals zurück ins Haus. Vater, Mutter und die beiden Mädchen knieten vor Küchenstühlen und beteten. Ich blieb einen Augenblick stehen, schlich mich dann auf Zehenspitzen zum Tisch, legte ein paar Dollarscheine hin und zog mich geräuschlos zurück.

Und Gott kümmerte sich um Bryans Geschäft. Heute ist er mit seinen Accessoires allen Autofachleuten an der ganzen Pazifikküste bekannt.

Als ich wieder im Presseraum der Polizeistation war, griff ich zum Telefon und rief die Redaktion an: »Diese Fahrt mit Corson«, sagte ich.

»Ich gebe dir einen Mann, der ihn umschreibt«, bot der Redakteur mir an.

»Nein, mach dir keine Mühe«, gab ich zurück, »da gab es gar keine Geschichte.«

Etwas vom Größten, wozu der Mensch fähig ist, ist seine Möglichkeit und Fähigkeit, sich selbst aufzugeben, wenn er andere Menschen liebt, sich so sehr aufzugeben, daß er sein eigenes Leben für den andern einsetzt. Und was ist sein Lohn? Nicht, daß er das, was er tut, für Lohn tun würde. Aber er hat trotzdem seinen Lohn, und das ist die Freude. Und dazu eine unglaubliche Begeisterung für das Leben, für die Menschen und für Gott.

Ich möchte dieses Schatzkästlein der Freude und Begeisterung mit einer der herrlichsten Aussagen abschließen, die jemals gemacht worden sind:

»Nein, wir verkündigen, wie es in der Schrift heißt, was kein Auge gesehen und kein Ohr gehört hat, was keinem Menschen in den Sinn gekommen ist: das Große, das Gott denen bereitet hat, die ihn lieben.«

(1. Korinther 2,9)

Bücher für positive Lebensgestaltung

Norman Vincent Peale
Heute fängt Dein Leben an
218 S., Leinen mit Schutzumschlag

Norman Vincent Peale
Die Kraft positiven Denkens
324 S., Leinen mit Schutzumschlag

Norman Vincent Peale
So hilft positive Phantasie
242 S., Leinen mit Schutzumschlag

Norman Vincent Peale
Was Begeisterung vermag
342 S., Leinen mit Schutzumschlag

Norman Vincent Peale
Darum seid getröstet
154 S., Leinen mit Schutzumschlag

Norman Vincent Peale
Trotzdem positiv
294 S., Leinen mit Schutzumschlag

Norman Vincent Peale
So hast Du mehr vom Leben
226 S., Leinen mit Schutzumschlag

Norman Vincent Peale
Leben kann Freude sein
164 S., Leinen mit Schutzumschlag

Norman Vincent Peale
Das Ja zum Leben
224 S., Leinen mit Schutzumschlag

OESCH VERLAG
Klausstraße 10, CH-8008 Zürich

Erhältlich in Ihrer Buchhandlung.
Bitte verlangen Sie das kostenlose Gesamtverzeichnis
«Bücher für positive Lebensgestaltung»
direkt beim Verlag.

Bücher für positive Lebensgestaltung

Natürlich glaube ich an die Zukunft. Ich beabsichtige, den Rest meines Lebens dort zu verbringen.
Charles Kettering

Albert M. Myers
Christopher P. Andersen

Erfolg über sechzig

Planen – Erreichen – Genießen

272 Seiten, gebunden, mit Schutzumschlag, Leseband

Zahlreiche Fallbeispiele belegen, welche Chancen für aktive Menschen über sechzig bestehen. Die Autoren zeigen hier, wie der Leser seine wertvollen Erfahrungen, die er in jahrzehntelanger Arbeit erworben hat, nutzen kann, um seine Lebensqualität zu steigern. Der Anhang informiert umfassend über Institutionen und Selbsthilfegruppen.

OESCH VERLAG
Klausstraße 10, CH-8008 Zürich

Erhältlich in Ihrer Buchhandlung.
Bitte verlangen Sie das kostenlose Gesamtverzeichnis
»Bücher für positive Lebensgestaltung«
direkt beim Verlag.